AF185807

Klasse!

A1.1

Deutsch für Jugendliche
Übungsbuch mit Audios

Sarah Fleer

Ute Koithan

Bettina Schwieger

Tanja Sieber

Alles Digitale zu diesem Buch kann auf der Lernplattform **allango** von Ernst Klett Sprachen abgerufen werden. So geht's:

QR-Code scannen oder **www.allango.net** aufrufen	Buchtitel oder ISBN in der Suche eingeben und auf das Buchcover klicken	Zum Inhalt navigieren, direkt abrufen oder speichern

Ernst Klett Sprachen
Stuttgart

Autoren: Sarah Fleer, Ute Koithan, Bettina Schwieger, Tanja Sieber
Redaktion: Felice Lembeck
Projektleitung: Angela Kilimann
Layoutkonzeption und Gestaltung: Andrea Pfeifer, München
Illustrationen: Andrea Naumann, Aachen
Satz: Thorsten Rösch-Allgeier, Graph & Glyphe, Offenburg
Umschlaggestaltung: Studio Schübel, München und Ulrike Steffen
Titelbild und Auftragsfotos: Dieter Mayr, München

Online-Übungen
Autorin: Maja Rettig
Redaktion: Felice Lembeck und Annerose Remus

Audios
Aufnahme und Postproduktion: Plan 1
Regie: Plan 1, Felice Lembeck und Angela Kilimann

Informationen und zu diesem Titel passende Produkte finden Sie auf **www.klett-sprachen.de/klasse**

1. Auflage   8 | 2025

© Ernst Klett Sprachen GmbH, Rotebühlstraße 77, 70178 Stuttgart, 2018

Alle Rechte vorbehalten. Die Nutzung der Inhalte für Text- und Data-Mining ist ausdrücklich vorbehalten und daher untersagt.

www.klett-sprachen.de

Das Werk und seine Teile sind urheberrechtlich geschützt. Jede Nutzung in anderen als den gesetzlich zugelassenen Fällen bedarf der vorherigen schriftlichen Einwilligung des Verlags.

Druck und Bindung: DRUCKEREI PLENK GmbH & Co. KG, Berchtesgaden

ISBN 978-3-12-607123-9

Willkommen im Übungsbuch zu Klasse!

Inhalt

Dein Übungsbuch		4
1 Hallo! Servus! Salü!		6
2 Das bin ich!		15
3 Meine Schule		25
1 Testtraining: Lesen, Sprechen		35
4 24 Stunden sind (m)ein Tag!		37
5 Guten Appetit!		47
6 Meine Familie		57
2 Testtraining: Hören, Schreiben		67
Quellen		70

Symbole im Übungsbuch

 Du hörst ein Audio.

 Du hörst ein Audio und übst die Aussprache.

 Du schreibst einen Text.

 Du arbeitest mit einem Partner / einer Partnerin.

 Ihr arbeitet zu dritt.

 Du findest online interaktive Übungen.

Dein Übungsbuch

Liebe Schülerin, lieber Schüler,

du lernst jetzt Deutsch mit **Klasse!**

Das Kursbuch (KB) benutzt du immer in der Klasse, das Übungsbuch (ÜB) meistens zu Hause. Zu jeder Aufgabe im Kursbuch passt eine Übung im Übungsbuch. Zu Aufgabe 8 im Kursbuch passt also z. B. Übung 8 im Übungsbuch.

Zu zweit oder zu dritt arbeiten

Im Übungsbuch gibt es auch einige Übungen, die du mit einem oder zwei Partnern bearbeiten sollst, am besten in der Klasse. Du erkennst sie an diesen Symbolen:

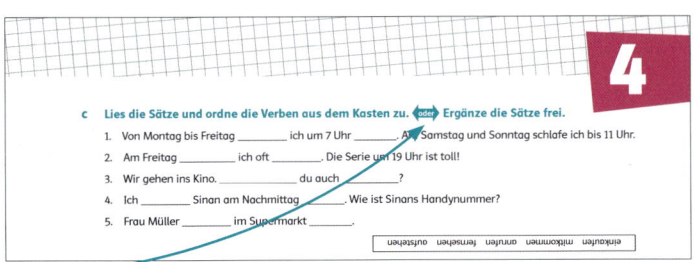

ODER-Übungen

Bei einigen Übungen kannst du dich für eine Variante entscheiden: Willst du die Übung mit oder ohne Hilfe machen? Willst du lieber einen Text schreiben oder mit deinem Partner / deiner Partnerin sprechen? Du erkennst die Übungen an diesem Symbol: **oder**

Online-Übungen

Willst du noch mehr üben? Online findest du zu jedem Kapitel fünf zusätzliche interaktive Übungen.

Lernen – üben – spielen

Die letzte Übung in jedem Kapitel ist eine spielerische Übung, z. B. ein Quiz, ein Partnerdiktat oder ein Spiel.

Wichtige Wörter

Nach den Übungen gibt es eine Doppelseite mit neuen Wörtern. Dort kannst du notieren, wie die Wörter in deiner Sprache heißen. Die **fett** gedruckten Wörter sind wichtig für die Prüfung.

„Was kann ich?" und „So lerne und übe ich"

Am Ende von jedem Kapitel kannst du ohne Lehrer kontrollieren, was du gut kannst oder noch nicht so gut kannst ☺ ☺ ☹. Der Pfeil → verweist auf passende Aufgaben und Übungen im Kursbuch und Übungsbuch. Mit den Aufgaben und Übungen kannst du das Thema noch einmal wiederholen.

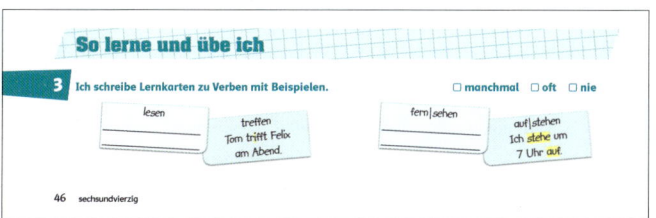

Außerdem kannst du überprüfen, ob du beim Lernen Strategien benutzt. Am besten sprichst du darüber mit anderen Schülerinnen und Schülern oder auch mit deiner Lehrerin oder deinem Lehrer.

Das Testtraining

In diesem Übungsbuch gibt es zwei Testtrainings, in denen du Teile der Prüfung *Goethe-Zertifikat A1: Fit in Deutsch 1* kennen lernst. Es gibt Übungen zur Vorbereitung und Prüfungsaufgaben wie in der offiziellen Prüfung.

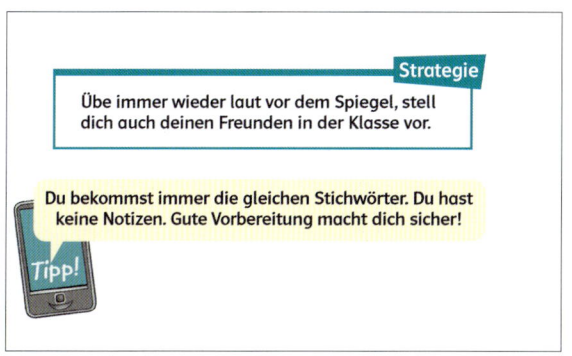

Du bekommst auch Hinweise, wie die Prüfungsaufgaben genau funktionieren. Außerdem gibt es Strategien, wie du dich vorbereiten kannst oder wie du die Aufgaben am besten löst.

1 a **Wie heißen die Länder? Notiere.**

1. _____
   _____
   _____

2. _____
   _____
   _____

3. _____
   _____
   _____

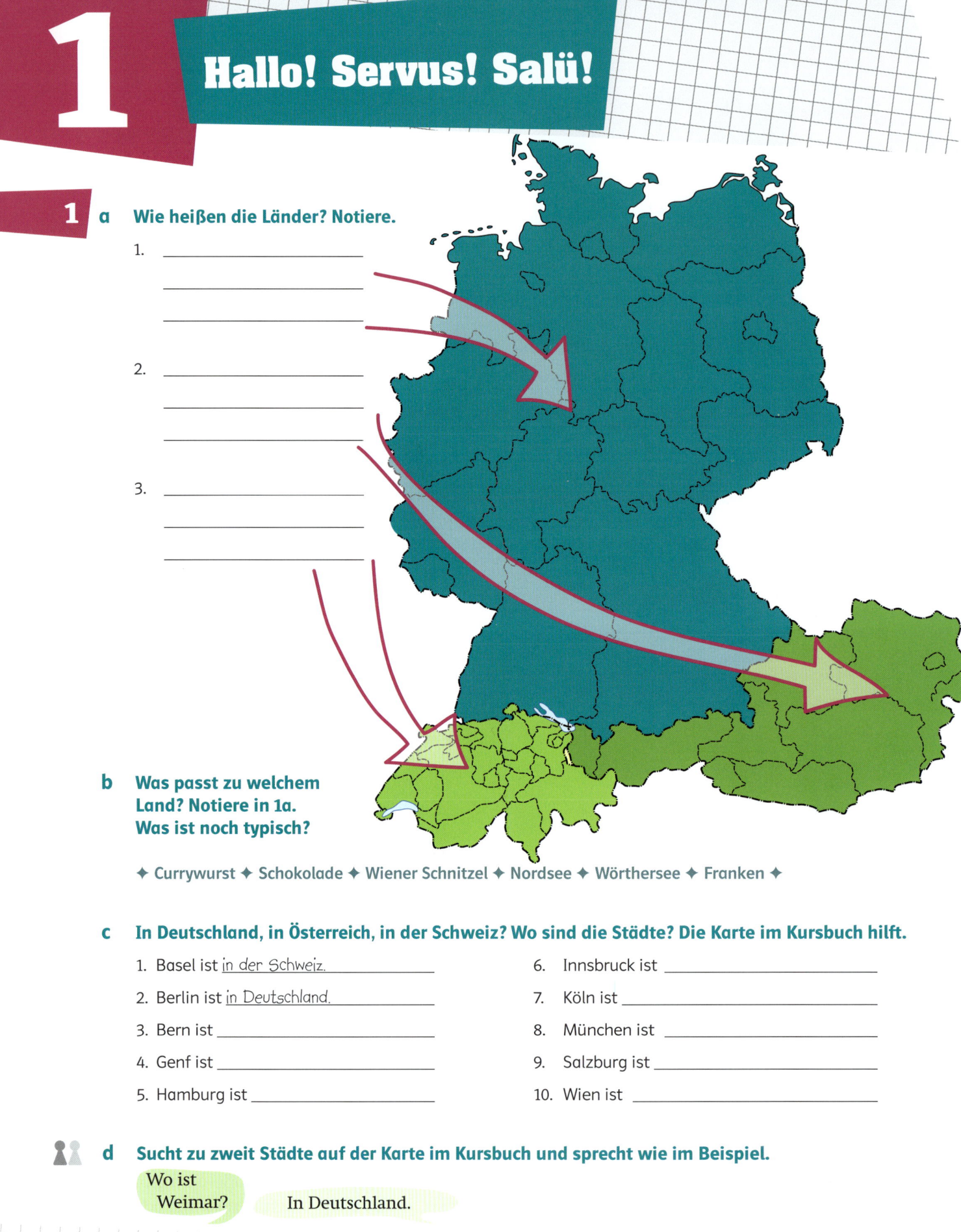

b **Was passt zu welchem Land? Notiere in 1a. Was ist noch typisch?**

✦ Currywurst ✦ Schokolade ✦ Wiener Schnitzel ✦ Nordsee ✦ Wörthersee ✦ Franken ✦

c **In Deutschland, in Österreich, in der Schweiz? Wo sind die Städte? Die Karte im Kursbuch hilft.**

1. Basel ist *in der Schweiz.* _____
2. Berlin ist *in Deutschland.* _____
3. Bern ist _____
4. Genf ist _____
5. Hamburg ist _____

6. Innsbruck ist _____
7. Köln ist _____
8. München ist _____
9. Salzburg ist _____
10. Wien ist _____

d **Sucht zu zweit Städte auf der Karte im Kursbuch und sprecht wie im Beispiel.**

Wo ist Weimar?   In Deutschland.

e   Wer ist das? Was ist das? Ergänze.

✦ das Matterhorn ✦ Biathletin ✦ Basketball ✦ ~~Fußballspieler~~ ✦
✦ die Nordsee ✦ Schauspieler ✦ Apfelstrudel ✦ Sängerin ✦

Wer ist das?	Was ist das?
1. Das ist David Alaba, _Fußballspieler_ .	5. Das ist _____ .
2. Das ist Joel Basman, _____ .	6. Das ist _____ .
3. Das ist Laura Dahlmeier, _____ .	7. Das ist _____ .
4. Das ist Yvonne Catterfeld, _____ .	8. Das ist _____ .

2   Notiere die Wörter. Wie heißt das Lösungswort?

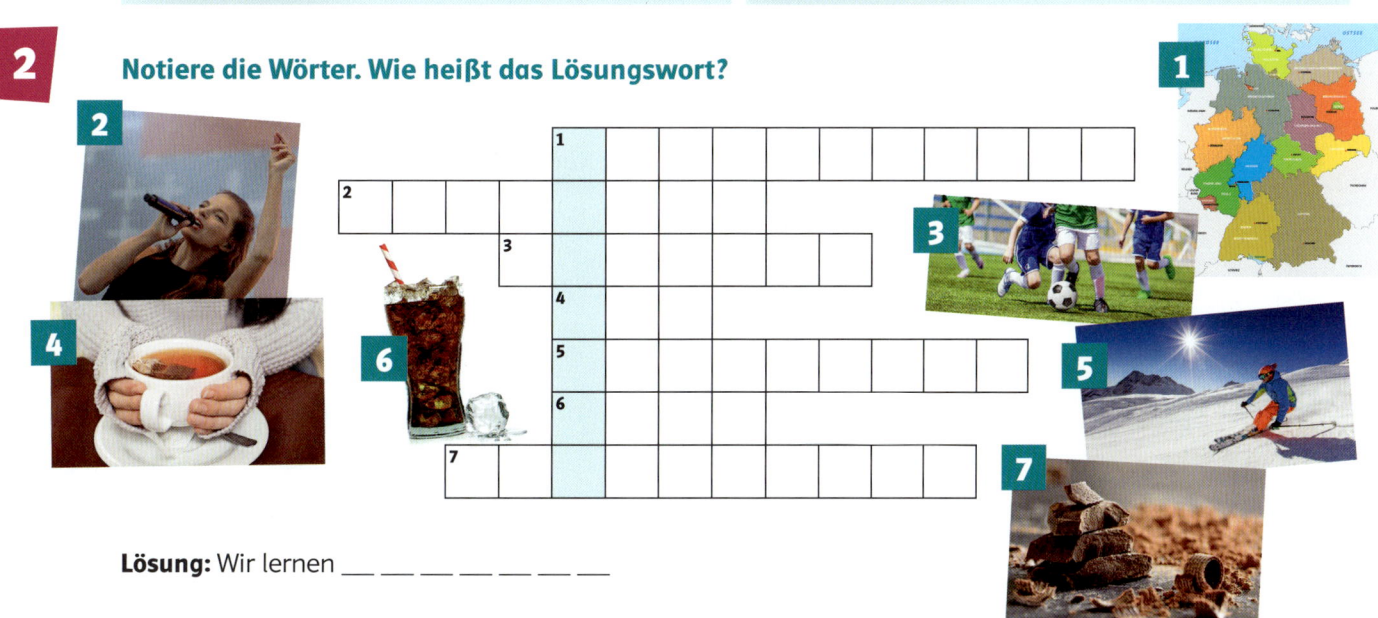

Lösung: Wir lernen __ __ __ __ __ __ __

3 **a** **Was sagt man? Ordne zu.**

✦ Guten Tag. ✦ Guten Morgen. ✦ Guten Abend. ✦

1. _____   2. _____   3. _____

b **Was passt wo? Verbinde.**

Hi!
Hallo!
Tschüs!
Servus!
Ciao!
Bis Morgen!
Salü!

online
1

c **Was sagen die Personen? Ordne zu.**

✦ Guten Morgen, Herr Kuhn. ✦ Hi, Marie! ✦ Auf Wiedersehen, Frau Neeland! ✦
✦ Hallo Henri! ✦ Guten Morgen, Frau Schulz. ✦ Tschüs, Henri. ✦

4 **a** **Hör den Dialog und ergänze.** ‹oder› **Ergänze. Hör zur Kontrolle.**

1.02
online
2

✦ später ✦ ~~Hi~~ ✦ wie ✦ gut ✦ Ciao ✦ Passt ✦ Hallo ✦

● _Hi_ Marco.

○ _____ Lisa, _____ geht's?

● Sehr _____. Und dir?

○ _____. Bis _____!

● _____.

b Schreibt einen eigenen Dialog und spielt zu zweit.

5 a Welche Antwort passt? Kreuze an.

1. Schweizer Schokolade? Hier, bitte.

☐a Oh, danke.

☐b Geht so.

2. Wer ist das?

☐a Ich heiße Lina.

☐b Das ist Lina.

3. Wie heißt du?

☐a Das ist Max.

☐b Ich heiße Max.

4. Wie geht's?

☐a Bis morgen!

☐b Passt.

b Schreib den Dialog. Vergleicht und spielt zu zweit.

online 3

● heißt – wie – Hallo, – du? _____

○ du? – Levin. – Ich – heiße – Und _____

● Paul. – bin – Ich – Und – das? – ist – wer _____

○ Frau Schulz. – Das – ist _____

c Wie viele Sätze findest du? Schreib Fragen und Sätze.

| ✦ Ich ✦ Wer ✦ | ✦ heiße ✦ bin ✦ | ✦ das ✦ Sarah ✦ Bernie ✦ |
| ✦ Wie ✦ Was ✦ Das ✦ | ✦ heißt ✦ ist ✦ | ✦ Fatih ✦ du ✦ Apfelstrudel ✦ |

Was ist das? _____

Wie ... _____

_____

6 a Sag mal ... Das Alphabet – Was hörst du? Markiere.

1.03

1. A / **H**   3. B / W   5. I / J   7. E / G   9. C / Z

2. F / V   4. J / Y   6. A / Ä   8. K / H   10. V / W

1.04 **b** Wie heißen die Schüler? Hör und notiere.

1. __ __ __ __ __   3. __ __ __ __ __   5. __ __ __ __ __

2. __ __ __ __ __ __   4. __ __ __ __ __   6. __ __ __ __ __ __ __

1.05 **c** Hör und vergleiche. Sprich nach.

7 **Suche Zahlen auf Deutsch. Welche Zahl passt wo? Ordne zu.**

✦ douze ✦ one ✦ zehn ✦ nine ✦ sieben ✦ deux ✦ three ✦ quatre ✦ tres ✦ ~~eins~~ ✦
✦ sept ✦ drei ✦ seis ✦ two ✦ vier ✦ doce ✦ sechs ✦ twelve ✦ zwei ✦ six ✦ zwölf ✦ trois ✦

 **A**    **B**    **C**    **D**

_____   *eins* _____   _____   _____

 **E**    **F**    **G**    **H**

_____   _____   _____   _____

---

8 **Welche Zahlen hörst du? Notiere und verbinde.**

vierzehn   acht   drei   elf   zwei   sechs   zwölf   fünfzehn

A _8_   B ____   C ____   D ____   E ____   F ____   G ____   H ____

---

9 **a** **Arbeitet zu zweit. Ordnet den Dialog.**

online 4

- [ ] ● Ich bin 12.
- [ ] ● 0 1 7 9 – 5 5 8 2 9 1 0. Und deine Nummer?
- [1] ● Wie alt bist du, Karim?
- [ ] ● Danke. Bis später.
- [ ] ○ 0 1 6 6 – 9 1 8 2 7 3 6 4.
- [ ] ○ Ich bin 13 Jahre alt. Und du, Ines?
- [ ] ○ Und wie ist deine Nummer?
- [ ] ○ Tschüs.

b **Hört zur Kontrolle. Alles richtig in 9a? Spielt dann den Dialog.**

c **Hör und notiere die Nummern.**

A _____   B _____   C _____

10 **a** **Finde neun Ausdrücke und markiere.**

ORDNETZU|HÖRTSCHREIBTVERBINDETSORTIERTERGÄNZTLESTFRAGTSPRECHTKREUZTAN

b **Ordne die Ausdrücke aus a zu und notiere.**

 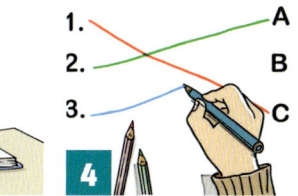 

_____ _____ _____ _____ _____

Ordnet zu. _____ _____ _____ _____

online
5

c **Wer sagt das? Ordne zu.**

✦ Ich habe eine Frage. ✦ Wie schreibt man das? ✦ Versteht ihr das? ✦ Das heißt Buch. ✦

11 **Lernen – üben – spielen. Finde die Buchstaben. Schreib den Dialog.**

● H3ll5 L1k3s! _____

○ H4 H2nr4! W42 g2ht's? _____

● S1p2r! 1nd d4r? _____

○ 31ch s2hr g1t. _____

1 = _____, 2 = _____, 3 = _____, 4 = _____, 5 = _____

Wichtige Wörter

Seite 6

hallo _____

sein (er/es/sie ist) (Das
  ist ...) _____

und _____

Was? _____

Wer? _____

der Apfelstrudel, - _____

die Currywurst,
  Currywürste _____

das Wiener Schnitzel, - _____

die **Schokolade**, -n _____

der Basketballspieler, - _____

die Biathletin, -nen _____

der Fußballspieler, - _____

die **Sängerin**, -nen _____

der **Schauspieler**, - _____

in (in Österreich) _____

Deutschland _____

Österreich _____

die **Schweiz** _____

der Schweizer
  Franken, - _____

das **Bild**, -er _____

das **Foto**, -s _____

der **Satz**, Sätze _____

Seite 7

die Alpen (Pl.) _____

das **Auto**, -s _____

das **Geld** _____

das **Land**, Länder _____

die **Musik** _____

die **Natur** _____

der **Sport** _____

Basketball _____

Biathlon _____

Fußball _____

Skifahren _____

das **Essen**, - _____

das Trinken _____

die **Cola** _____

der **Kaffee** _____

der **Tee** _____

schon _____

die Tabelle, -n _____

verstehen _____

das **Wort**, Wörter _____

andere, anderer _____

kennen _____

noch _____

Seite 8

begrüßen _____

Guten Abend. _____

Guten Morgen. _____

Guten Tag. _____

hi _____

verabschieden _____

Auf Wiedersehen. _____

bis morgen _____

bis später _____

ciao _____

tschüs _____

da sein (Ist Lukas da?) _____

Frau _____

Herr _____

Wie? _____

Wie geht's? _____

danke _____

Geht so. _____

gut _____

Passt. _____

sehr (Sehr gut.) _____

auch _____

dann _____

die **Klasse**, -n _____

oder (Hallo oder
  tschüs?) _____

der **Partner**, - _____

die **Partnerin**, -nen _____

zu zweit _____

Seite 9

vorstellen _____

heißen _____

der **Familienname**, -n _____

der **Name**, -n (Mein
  Name ist …) _____

der **Vorname**, -n _____

bitte (Hier, bitte.) _____

hey _____

hier _____

ja _____

oder (Super, oder?) _____

Stimmt. _____

super _____

total _____

das Alphabet, -e _____

auf|stehen _____

der **Comic**, -s _____

das **Heft**, -e _____

mal (Sag mal …) _____

von _____

wieder _____

zu dritt _____

Seite 10

bis (die Zahlen 1 bis 15) _____

von … bis … _____

zählen _____

die **Zahl**, -en _____

leise _____

noch einmal _____

alt (Wie alt bist du?) _____

das **Jahr**, -e _____

die **Nummer**, -n _____

die **Person**, -en _____

Zahlen bis 15

0 = null	6 = **sechs**	11 = **elf**
1 = **eins**	7 = **sieben**	12 = **zwölf**
2 = **zwei**	8 = **acht**	13 = **dreizehn**
3 = **drei**	9 = **neun**	14 = **vierzehn**
4 = **vier**	10 = **zehn**	15 = **fünfzehn**
5 = **fünf**		

Seite 11

die **Aufgabe**, -n _____

auf Deutsch _____

die **Frage**, -n _____

haben (er/es/sie hat)
  (Ich habe eine Frage.) _____

langsam _____

laut _____

mehr _____

nicht _____

passen _____

richtig _____

der **Lehrer**, - _____

der **Schüler**, - _____

der **Unterricht** _____

alle, alles _____

frei (freie Wahl) _____

das **Interview**, -s _____

die Handynummer, -n _____

die Telefonnummer, -n _____

kennenlernen _____

Deutsch im Unterricht

arbeiten	**schreiben**
buchstabieren	sortieren
fragen	**spielen**
hören	**sprechen**
lesen (er/es/sie liest)	(er/es/sie spricht)
nachsprechen (er/es/sie spricht nach)	**suchen**
	verstehen
notieren	**zeigen**
sagen	zuordnen

Seite 12

die **Antwort**, -en _____

antworten _____

ergänzen _____

international _____

Was kann ich?

1 **Ich kann nach Personen und Sachen fragen.**
→ KB/ÜB A1, A5   ☺ ☺ ☹

● 1. _____ heißt du?   ○ Kim.

● 2. Was ist das?   ○ _____ die Nordsee.

● 3. _____ ist das?   ○ Bernie.

2 **Ich kann andere begrüßen und verabschieden.**
→ KB/ÜB A3, A4   ☺ ☺ ☹

✦ Morgen ✦ Tschüs ✦ Wie ✦ Sehr gut ✦ Hallo ✦ Danke ✦ Wiedersehen ✦

● 1. _____ Henri.   ○ Guten _____, Herr Kuhn. _____ geht es Ihnen?

● 2. _____. Und dir?   ○ _____, auch gut.

● 3. _____, Henri.   ○ Auf _____, Herr Kuhn.

3 **Ich kann mein Alter und meine Telefonnummer nennen.**
→ KB/ÜB A9   ☺ ☺ ☹

Wie alt bist du?   Ich …   Wie ist deine Nummer?   Meine … Und deine?   …

So lerne und übe ich

4 **Ich lerne kurze Dialoge auswendig.**   ☐ manchmal ☐ oft ☐ nie

● Hallo. Ich heiße Lisa. Und wie heißt du?   ● Hallo. Ich … Und wie …?

○ Ich heiße Marco. Ich bin 12 Jahre alt. Und du? ○ Ich … Ich bin … alt. Und …?

● Ich bin auch 12.   ● Ich bin …

Hallo. Ich heiße Lisa. Und wie heißt du? …

5 **Ich lerne Wörter in Gruppen.**   ☐ manchmal ☐ oft ☐ nie

Personen	Zahlen	Sport	…
der Schauspieler	eins, zwei	Basketball	…

Das bin ich!

1 Hobbys – Was machen die Leute? Notiere die Ausdrücke.

1. Gitarre spielen_____
2. s_____
3. T_____ s_____
4. j_____

5. M_____ h_____
6. s_____
7. f_____

2

online

1

a Was passt zusammen? Verbinde.

1. Ich komme   A Fußball.
2. Ich wohne   B in die Klasse 7a.
3. Ich gehe   C in München.
4. Ich spiele gern   D Sport.
5. Ich mache gern   E aus Hamburg.

b Und du? Ergänze die Sätze.

1. Ich komme _____.
2. Ich wohne _____.
3. Ich gehe _____.

c Wer sagt das? Hör und notiere den Namen.

Karim
Anna

1. Ich komme aus Berlin. _____Karim_____
2. Ich wohne in Hamburg. _____
3. Ich gehe ins Lessing-Gymnasium. _____
4. Ich spiele gern Computer. _____
5. Ich mache gern Sport. _____
6. Ich spiele Gitarre. _____

3

a Schreib die Sätze in die Tabelle. Achte auf die Verbposition.

✦ Wie heißt du? ✦ Kommst du aus München? ✦ Ja, ich komme aus München. ✦ Ich heiße Lukas. ✦

W-Frage	Wer	ist	das?
Aussagesatz	Das	ist	Kim.
W-Frage			
Aussagesatz			

Ja-Nein-Frage	Wohnst	du	in Berlin?
Aussagesatz	Ich	wohne	in Hamburg.
Ja-Nein-Frage			
Aussagesatz			

b Schreib die Fragen richtig.

1. aus Deutschland – du – kommst – ? _____Kommst du aus Deutschland?_____
2. du – wohnst – in München – ? _____
3. joggst – gern – du – ? _____
4. Tennis – du – spielst – ? _____
5. du – schwimmst – gern – ? _____
6. hörst – gern – du – Musik – ? _____

online 2 **c** Was antwortest du? Schreib die Antworten zu 3b ins Heft.

 d Fragt und antwortet zu zweit.

Kommst du aus Deutschland?

Nein, ich komme aus Spanien.

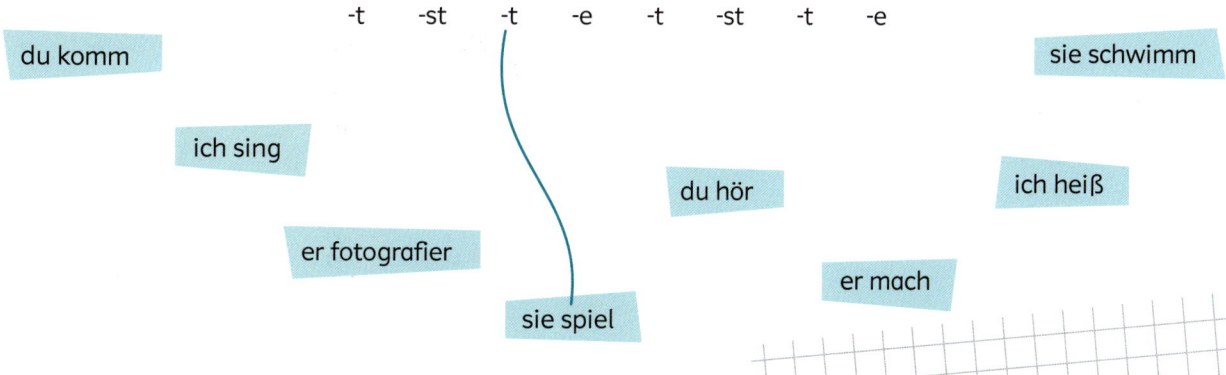

e   Ergänze die Endungen.

1.   ○ Komm_____ du aus Spanien?   ● Nein, ich komm_____ aus Deutschland.

2.   ○ Wohn____ du in Hamburg?   ● Nein, ich wohn_____ in München.

3.   ○ Mach_____ du gern Sport?   ● Ja, ich mach_____ gern Sport.

4.   ○ Spiel_____ du gern Fußball?   ● Ja, ich spiel_____ gern Fußball.

5.   ○ Fotografier_____ du gern?   ● Ja, ich fotografier____ gern.

6.   ○ Sing_____ du gern?   ● Nein, ich sing____ nicht gern.

f   Was machst du gern? Was machst du nicht gern? Schreib jeweils zwei Sätze.

✦ singen ✦ schwimmen ✦ fotografieren ✦ Sport machen ✦ Musik hören ✦
✦ Computer spielen ✦ joggen ✦ Volleyball spielen ✦ Tennis spielen ✦ Gitarre spielen ✦

☺	☹
_____	_____
_____	_____
_____	_____
_____	_____

4   a   Ordne die Verben in die Tabelle.

✦ joggt ✦ ist ✦ gehst ✦ schwimmst ✦ wohne ✦ schwimme ✦
✦ wohnt ✦ geht ✦ joggst ✦ bin ✦

	wohnen	gehen	schwimmen	joggen	sein
ich		gehe		jogge	
du	wohnst				bist
er/es/sie			schwimmt		

online
3

b   Welche Endung ist richtig? Verbinde.

-t   -st   -t   -e   -t   -st   -t   -e

du komm   sie schwimm

ich sing

                                        du hör   ich heiß

er fotografier   er mach

            sie spiel

c **Ergänze die Verben aus 4b mit der richtigen Endung.**

1. ● Ich _gehe_____ in die Klasse 7b. Und du? ○ Ich _____ in die Klasse 7d.

2. ● _____ Paula ins Lessing-Gymnasium? ○ Nein, sie _____ ins Schiller-Gymnasium.

3. ● _____ Simon aus Deutschland? ○ Nein, er _____ aus Österreich.

4. ● _____ du in München? ○ Nein, ich _____ in Hamburg.

5. ● _____ Mia gern Sport? ○ Ja, sie _____ Basketball.

6. ● _____ du gern Musik? ○ Ja, und ich _____ Klavier.

7. ● _____ Frederik gern Computer? ○ Ja, er _____ gern Computer.

8. ● _____ du Tennis? ○ Nein, ich _____ Fußball.

d *ich bin, du bist ...* **– Was ist richtig? Markiere.**

1. Hallo, ich **bin** / **bist** / **ist** Kim.

2. Kim **bin** / **bist** / **ist** 13 Jahre alt.

3. **Bin** / **Bist** / **Ist** du Henri?

4. Wie alt **bin** / **bist** / **ist** du?

5. Henri **bin** / **bist** / **ist** lustig.

6. Das Foto **bin** / **bist** / **ist** toll.

7. Die Musik **bin** / **bist** / **ist** schön.

8. **Bin** / **Bist** / **Ist** die Schokolade gut?

e **Schreib Sätze.**

1. er – heißen – Joscha – .   Er heißt Joscha._____

2. Joscha – sein – 13 Jahre alt – .   _____

3. er – wohnen – in Wien – .   _____

4. Joscha – gehen – in die Klasse 8b – .   _____

5. er – spielen – gern Computer – .   _____

6. er – hören – gern Musik – .   _____

f **Lies den Text von Lea. Antworte Lea und schreib einen Text über dich.**

Hallo,

ich heiße Lea und bin 13 Jahre alt. Ich wohne in Hamburg und gehe ins Wilhelm-Gymnasium. Mein Hobby ist Musik: Ich singe gern und ich spiele Gitarre. Ich mache auch gern Sport. Ich jogge oft und ich spiele Basketball. Und du?

5 **a** **Lies und notiere die Zahl oder das Wort.**

A 7 *sieben* _____

B 16 _____

C 75 _____

D 11 _____

E ___ einunddreißig

F 100 _____

G ___ dreiundachtzig

H 92 _____

I ___ vierhundertundvierzig

b **Welche zwei Zahlen hörst du? Markiere.**

A 11 – 12 – 17 – 16

B 14 – 41 – 31 – 32

C 26 – 36 – 43 – 5

D 87 – 78 – 92 – 93

E 44 – 55 – 66 – 77

F 334 – 343 – 858 – 588

21 = ein**s**undzwanzig

Tipp!

c **Malen mit Zahlen – Hör und verbinde die Zahlen. Was ist das?**

24 12 7 32

15

16 42

3

14 23 98

8

34 4

19

11 87 47 90

73 72 28 2

74

d **Schnelle Zahlen – Hör die Zahlen und notiere.**

A _____

B _____

C _____

D _____

e **Hör und ergänze die Zahlen.**

A _____ €

B Linie _____

C _____ Uhr

D _____ : _____

E ICE _____

F _____ Liter

6 a Lies noch einmal die Texte im Kursbuch. Lies die Aussagen. Was ist richtig? Was ist falsch? Kreuze an.

		richtig	falsch
1.	Die Lochis machen Musik.	☐	☐
2.	Die Lochis kommen nach Österreich.	☐	☐
3.	Das Konzert ist im Oktober.	☐	☐
4.	Die Teens im Camp sind zehn bis zwölf Jahre alt.	☐	☐
5.	Das Camp ist im Sommer.	☐	☐
6.	Du findest Informationen zum Camp im Internet.	☐	☐

b Vergleicht zu zweit und korrigiert die falschen Aussagen.

1.14 c Welche Wörter hörst du? Markiere. ◀oder▶ Markiere die Wörter. Hör dann zur Kontrolle.

band/buscentcomputerfotografierengitarrehobbyjoggenliniemusikschwimmensingensporttennistour

d Sortiere die Nomen und Verben aus 6c in einer Tabelle im Heft. Schreib die Nomen mit Artikel.

Nomen	Verben
die Band	

7 a Länder und Städte – Markiere die Länder im Rätsel und schreib sie zu den Hauptstädten.

Hauptstadt	Land
Madrid	
Bern	
Moskau	
Wien	
Warschau	
Ankara	
Berlin	
Paris	
Athen	
Rom	
London	

	A	B	C	D	E	F	G	H	I	J	K	L
1	F	S	C	H	W	E	I	Z	W	T	I	P
2	R	P	Z	L	G	N	C	F	X	Ü	T	O
3	H	E	H	A	K	W	O	L	Ö	R	A	L
4	A	R	U	S	S	L	A	N	D	K	L	E
5	U	M	E	N	G	L	A	N	D	E	I	N
6	Ö	Ä	K	A	J	S	P	A	N	I	E	N
7	G	R	I	E	C	H	E	N	L	A	N	D
8	X	D	E	U	T	S	C	H	L	A	N	D
9	E	J	F	R	A	N	K	R	E	I	C	H
10	Z	Ö	S	T	E	R	R	E	I	C	H	W

b **Ländernamen. Hör und notiere die Buchstaben. Wie heißt das Land?**

1. <u>Polen</u>   5. _____

2. _____   6. _____

3. _____   7. _____

4. _____   8. _____

 c **Hör zur Kontrolle. Wo ist der Akzent? Markiere in 7b.**

8

online
5

Ergänze die Länder und Sprachen.

1. Luca spricht Italienisch. Er kommt aus _____.

2. Jonas wohnt in Wien. Er spricht _____.

3. Pierre kommt aus Frankreich. Er spricht _____.

4. Efgenia spricht Griechisch. Sie kommt aus _____.

5. Lucy wohnt in London. Sie spricht _____.

6. Ömer kommt aus der Türkei. Er spricht _____.

9

 Sag mal . . . Satzmelodie – Welche Melodie ist richtig: a oder b? Kreuze an.

1. Kommst du aus England?   a   b

2. Nein, ich komme aus den USA.   a   b

3. Sprichst du Spanisch?   a   b

4. Nein, ich spreche Russisch.   a   b

10

Lernen – üben – spielen: Partnerdiktat – Arbeitet zu zweit. Diktiert euch die Steckbriefe.

A

Ich heiße Paul.
Ich komme aus Hamburg.
Ich wohne in Berlin.
Ich bin 13 Jahre alt.
Ich spiele Gitarre.

Ich spiele gern Tennis.
Ich komme aus der Schweiz.
Ich bin 14 Jahre alt.
Ich wohne in Frankfurt.
Ich heiße Bea.

B

Wichtige Wörter

Seite 13

die Aktivität, -en _____

der **Computer**, - _____
(Computer spielen) _____

fotografieren _____

die **Gitarre**, -n _(Gitarre spielen)_ _____

das **Hobby**, -s _____

joggen _____

der/die **Jugendliche**, -n _____

machen _(Macht eine Tabelle.)_ _____

schwimmen _____

singen _____

die **Sprache**, -n _____

Tennis _____

Seite 14

aber _(Ich komme aus Hamburg, aber ich wohne jetzt in München.)_ _____

aus _____

die **Band**, -s _____

die **Familie**, -n _____

gehen _(Ich gehe in die Klasse 7b.)_ _____

gern, gerne _(Ich jogge gern.)_ _____

das **Gymnasium**, Gymnasien _____

jetzt _____

kommen _(Ich komme aus …)_ _____

lieben _____

nein _____

oft _____

der **Text**, -e _____

Volleyball _____

wohnen _____

vergleichen _____

an|sehen _(er/es/sie sieht an)_ _____

Seite 15

alles _____

bald _____

lustig _____

schön _____

so _(Sie spielt so gut Tennis.)_ _____

toll _____

Wo? _____

markieren _____

ich _____

du _____

er _____

es _____

sie _____

chillen _____

das **Klavier**, -e _(Klavier spielen)_ _____

Seite 16

Zahlen ab 16	
16 = **sechzehn**	50 = **fünfzig**
17 = **siebzehn**	60 = **sechzig**
18 = **achtzehn**	70 = **siebzig**
19 = **neunzehn**	80 = **achtzig**
20 = **zwanzig**	90 = **neunzig**
21 = **einundzwanzig**	100 = (ein)**hundert**
30 = **dreißig**	200 = **zweihundert**
40 = **vierzig**	1000 = **tausend**

fehlen _____

die **Reihe**, -n _____

die **Tafel**, -n _____

funktionieren _____

die **Situation**, -en _____

der **Cent**, -s _____

der **Euro**, -(s) _____

Grad _____

der **Kilometer**, - _____

die **Adresse**, -n _____

das **Alter** (Sg.) _____

die **Karte**, -n _____

die **Straße**, -n _____

das **Telefon**, -e _____

Seite 17

beste, bester _____

die **E-Mail**, -s _____

der **Fan**, -s _____

die **Ferien** (Pl.) _____

gewinnen _____

das **Glück** (Viel Glück!) _____

groß _____

die **Gruppe**, -n _____

die **Information**, -en _____

informieren _____

das **Interesse**, -n _____

das **Kino**, -s _____

das **Konzert**, -e _____

lernen _____

merken _____

mit|machen _____

nennen _____

nur _____

das **Plakat**, -e _____

das **Problem**, -e _____

das **Restaurant**, -s _____

der **See**, -n _____

die **Sonne** (Sg.) _____

das **Theater**, - _____

das **Ticket**, -s _____

der **Titel**, - _____

das **Thema**, Themen _____

die **Tour**, -en _____

das Turnier, -e _____

treffen (er/es/sie trifft) _____

das **Wasser** _____

wichtig _____

zum Beispiel _____

der Zwilling, -e _____

Seite 18

die **Stadt**, Städte _____

sammeln _____

Woher? _____

die **Mama**, -s _____

der **Papa**, -s _____

geben (er/es/sie gibt)
(Welche Sprachen
gibt es?) _____

Länder	Griechenland	Russland
	Italien	Schweden
Argentinien	Japan	Spanien
China	Kanada	Syrien
Dänemark	Mexiko	die Türkei
England	Polen	Ungarn
Frankreich	Rumänien	die USA

Sprachen	
Arabisch	Persisch
Dänisch	Polnisch
Französisch	Russisch
Griechisch	Spanisch
Italienisch	Tschechisch
Japanisch	Türkisch

Seite 19

einfach (Sprechen
macht einfach Spaß.) _____

finden (… finde ich gut.) _____

ganz (Du lernst das
ganz schnell.) _____

klingen _____

das **Lied**, -er _____

schnell _____

der **Spaß** (… macht
Spaß.) _____

der **Strand**, Strände _____

viel, viele _____

was (Sag mal was.) _____

wunderbar _____

das **Beispiel**, -e _____

malen _____

oben _____

unten _____

kurz _____

der **Star**, -s _____

Was kann ich?

1 **Ich kann mich und andere vorstellen.** ☺ ☹ ☹
→ KB/ÜB A1, A2, A4

Felix – Deutschland _Felix kommt ..._____

München _____

Klasse 7b _____

joggen ☺ _____

Fußball spielen _____

schwimmen ☹ _____

2 **Ich kann über Länder und Sprachen sprechen.** ☺ ☹ ☹
→ KB/ÜB A7, A8

✦ Syrien ✦ Französisch ✦ Arabisch ✦ Deutschland ✦ Schweiz ✦ Deutsch ✦

Ich lebe in Berlin.

Das ist in _____ (1).

Ich spreche _____ (2).

Und ich lerne Englisch und Spanisch.

Rechts ist mein Freund André. Er wohnt in Genf.

Das ist in der _____ (3).

Er kommt nicht aus Frankreich, aber

André spricht auch _____ (4).

Und links ist Ahmad. Er wohnt auch in Berlin.

Er kommt aus Damaskus, das ist die Hauptstadt von _____ (5).

Er spricht _____ (6). Und Deutsch und Englisch.

Schultreffen Berlin trifft Genf – Sporttunier

So lerne und übe ich

3 **Ich suche internationale Wörter in einem Text.** ☐ manchmal ☐ oft ☐ nie

Am 5. August 2016 wurden in Rio de Janeiro die Olympischen Sommerspiele eröffnet. 206 Nationen haben teilgenommen, das war ein neuer Rekord. 11.303 Athleten kämpften in 207 Teams um Medaillen in 28 Disziplinen. Deutschland holte 42 Medaillen (17-mal Gold, 10-mal Silber und 15-mal Bronze) und erreichte Platz 5.

4 **Ich lerne Wörter in Gruppen.** ☐ manchmal ☐ oft ☐ nie

Basketball

Sport

ICH

1 a Was ist das? Ordne zu.

✦ das Gymnasium ✦ der Schüler ✦ die Lehrerin ✦ die Bibliothek ✦
✦ die Hausaufgabe ✦ die Cafeteria ✦ das Orchester ✦ der Sportplatz ✦ der Stundenplan ✦

1. _____

2. _____

3. _____

4. _____

5. _____

6. _____

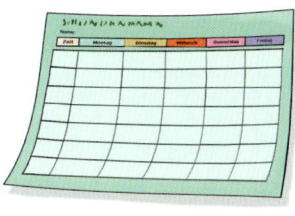

7. _____

8. _____

9. _____

b Welche Wörter passen zusammen? Bilde Paare.

✦ die Klarinette ✦ die Cafeteria ✦ das Fach ✦ das Essen ✦ das Turnier ✦
✦ ~~der Lehrer~~ ✦ der Sportplatz ✦ das Orchester ✦ der Stundenplan ✦ ~~der Schüler~~ ✦

der Lehrer – der Schüler _____   _____   _____

_____   _____

2 Wie heißen die Fächer? Schreib.

1. Mmkaeatiht ___Mathematik___

2. Dchetsu _____

3. Blooigie _____

4. Gchehicste _____

5. Pyhksi _____

6. Giroegafe _____

7. Cemhie _____

8. Kntsu _____

3 **a** Wie heißen die Wörter? Schreib.

1. die	S	C	H	U	L	T	A	S	C	H	E

2. das
3. der
4. der
5. das
6. die
7. die
8. der
9. das

b In der Schultasche – Wie heißen die Wörter? Ergänze die Buchstaben.

1. der F _ ll _ r
2. der S _ hl _ _ s _ l
3. der B _ _ is _ if _
4. das M ä _ _ c _ e n
5. das L _ n _ a l
6. der _ _ s _ e _ s
7. die S _ _ e _ e
8. das B _ n _ o _
9. das W ö _ t _ r b _ c _

 c Was ist in Kims Schultasche? Lies die Wörter. Hör dann und markiere.

✦ das Mäppchen ✦ die Schere ✦ das Lineal ✦ der Füller ✦ der Bleistift ✦ der Kugelschreiber ✦
✦ der Marker ✦ die Brille ✦ die Fahrkarte ✦ die Hose ✦ der Radiergummi ✦
✦ das Heft ✦ das Handy ✦ der Schlüssel ✦ die Uhr ✦

4 **a** Welcher Artikel passt? Notiere die Wörter mit Artikel.

✦ das ✦ Schere ✦ Brille ✦ Handy ✦ die ✦ der ✦ der ✦ Lineal ✦
✦ das ✦ der ✦ Spielkarte ✦ Schlüssel ✦ Bleistift ✦ die ✦ Wörterbuch ✦ die ✦ Marker ✦ das ✦

das Lineal, ...
_____
_____

b Wie heißt der Artikel? Notiere.

1. _____ Radiergummi
2. _____ Mäppchen
3. _____ Fahrkarte
4. _____ Bleistift
5. _____ Heft
6. _____ Buch
7. _____ Uhr
8. _____ Kugelschreiber
9. _____ Brille

c Markiere alle Wörter und Artikel in 4a und 4b in blau (der), grün (das) und rot (die).

d **Wie heißt der Artikel? Markiere die Lösung farbig.**

1	2	3	4	5	6	7	8	9	10
11	12	13	14	15	16	17	18	19	20
21	22	23	24	25	26	27	28	29	30
31	32	33	34	35	36	37	38	39	40
41	42	43	44	45	46	47	48	49	50
51	52	53	54	55	56	57	58	59	60
61	62	63	64	65	66	67	68	69	70
71	72	73	74	75	76	77	78	79	80
81	82	83	84	85	86	87	88	89	90

13 der	15 das	17 die	Apfel
12 der	10 das	18 die	Hose
34 der	31 das	40 die	Orangensaft
37 der	35 das	21 die	Ausweis
54 der	45 das	48 die	Stift
51 der	57 das	58 die	Pferd
63 der	65 das	70 die	Gymnasium
31 der	50 das	66 die	Schulbibliothek
72 der	76 das	73 die	Klasse
78 der	82 das	89 die	Stundenplan

e **Markiere die Wörter in der Wortschlange und schreib mit Artikel.**

HOSEKEIGNFAHRKARTEGOELHEFTWOTNDBUCHANFN
ESCHULTASCHEGEAMGNEMKUGELSCHREIBERMWEROGORANGENSAFT

die Hose, ...

_____

f **Was ist das? Schreib die Wörter mit Artikel.**

1. _____
2. _____
3. _____
4. _____
5. _____
6. _____
7. _____

5 **Arbeitet zu zweit. Notiert zehn Wörter mit Artikel. Sagt eurem Partner / eurer Partnerin die Wörter. Er/Sie nennt den Artikel. Dann wechselt ihr. Wer weiß die meisten Artikel?**

6

a Wer hört Musik? Ordne zu.

✦ Ihr hört Musik. ✦ Er hört Musik ✦ Ich höre Musik. ✦ Sie hören Musik. ✦ Herr Maier, Sie hören Musik? ✦
✦ Du hörst Musik. ✦ Sie hört Musik. ✦ Wir hören Musik. ✦ Es hört Musik. ✦

online 1

b *ich, du, er, sie ... –* Ergänze.

1. __Ich__ komme aus Köln.

2. ○ Clara, wohnst _____ auch in Köln? ● Nein, _____ wohne in München.

3. Mia und Jannik wohnen in München und _____ gehen ins Schiller-Gymnasium.

4. Das sind Frau Ties und Herr Pohl. _____ sind Lehrer.

5. ○ Seid _____ auch 13 Jahre alt? ● Nein, _____ sind 12 Jahre alt.

6. ○ Spielst _____ gern Volleyball? ● Ja, und _____? ○ Ja, ich auch!

7. ○ Ole und Nico, lernt _____ auch Spanisch? ● Ja, _____ lernen Spanisch.

c Fragen und Antworten – Ergänze.

✦ sein ✦ hören ✦ sehen ✦ spielen ✦ schwimmen ✦ lernen ✦

1. ● __Schwimmt__ ihr gern ? ○ Nein, wir _____ nicht gern. Und ihr?

2. ● _____ Lara und Zoe gern Serien? ○ Ja, sie _____ gern Serien.

3. ● _____ Max und Jan gern Volleyball? ○ Nein, sie _____ gern Fußball.

4. ● Nils und Mara _____ gern Musik. ○ Wir auch. Wir _____ gern Ariana Grande.

5. ● _____ ihr 13 Jahre alt? ○ Nein, wir _____ 12 Jahre alt.

6. ● Wir _____ gern Deutsch. ○ _____ ihr auch gern Deutsch?

7 **a** **Sag mal . . . Wortakzent – Hör und lies die Wörter. Markiere den Wortakzent.**

Dienstag, Brille, Stunde, Marker, Apfel, Freitag, Klasse, Essen, Schüler, Ausweis

b **Hör noch einmal. Kurz oder lang? Markiere für kurz (.) und für lang (_).**

Dienstag, Brille, Stunde, Marker, Apfel, Freitag, Klasse, Essen, Schüler, Ausweis

8 **Finde Paare und ordne sie in die Tabelle. Schreib mit Artikel.**

✦ Kartoffel ✦ ~~Marker~~ ✦ Türen ✦ Apfel ✦ Mäppchen ✦ Wände ✦ Klassen ✦ Glas ✦
✦ Ball ✦ Bild ✦ Ausweise ✦ Brille ✦ Fahrkarten ✦ Tür ✦ Lieblingsfächer ✦
✦ Gläser ✦ Bonbons ✦ Kartoffeln ✦ ~~Marker~~ ✦ Wand ✦ Bälle ✦ Ausweis ✦ ~~Uhren~~ ✦ Klasse ✦ Äpfel ✦
✦ Bikini ✦ Brillen ✦ Mäppchen ✦ Lieblingsfach ✦ Fahrkarte ✦ Bonbon ✦ Bikinis ✦ ~~Uhr~~ ✦ Bilder ✦

-- / "--	-e / "e	-(e)n	-er / "er	-s
der Marker – die Marker		die Uhr – die Uhren		

9 **a** **Wie viele? Schreib.**

1. drei Schülerinnen   2. _____   3. _____   4. _____

5. _____   6. _____   7. _____   8. _____

b **Deine Klasse, deine Schule – Wie viele . . . gibt es? Schreib ins Heft.**

✦ Schüler ✦ Schülerinnen ✦ Lehrer ✦ Lehrerinnen ✦ Fächer ✦ Klassen ✦

Wir sind ... Schüler und ... Schülerinnen. Es gibt ...

Singular: -in
Plural: -innen
die Sängerin –
die Sängerinnen

Tipp!

10

online 2

a **Wie heißen die Wochentage? Schreib.**

GATIERFGATNOMGATSMASHCOWTTIMGATSNEIDGATNNOSGATSRENNOD

Freitag, ...

b **Sophies Stundenplan – Ergänze die Wochentage.**

	Montag	**D_____**	**M_____**	**_____**	**_____**
8.00 – 8.45	Englisch	Geschichte	Musik	Religion	Deutsch
8.45 – 9.30	Englisch	Physik	Sozialkunde	Englisch	Deutsch
9.45 – 10.30	Physik	Geografie	Mathe	Bio	Französisch
10.30 – 11.15	Religion	Geografie	Mathe	Bio	Geschichte
11.35 – 12.20	Mathe	Deutsch	Englisch	Französisch	Kunst
12.20 – 13.05	Mathe	Deutsch	Englisch	Französisch	Kunst
13.05 – 14.00	PAUSE				
14.00 – 14.45	Sport	Informatik		Orchester	
14.45 – 15.30	Sport	Informatik		Orchester	

online 3

c **Lies Sophies Stundenplan. Richtig oder falsch? Kreuze an.**

richtig falsch

1. Sophie hat fünf Stunden Englisch.   ☐ ☐
2. Sophie hat am Montag und am Donnerstag Deutsch.   ☐ ☐
3. Sophie hat um 9:45 Uhr Pause.   ☐ ☐
4. Sophie hat am Freitag Orchester.   ☐ ☐
5. Sophie hat fünf Stunden Deutsch.   ☐ ☐
6. Am Mittwoch und am Freitag hat Sophie um 13:05 Uhr frei.   ☐ ☐

> Eine Schulstunde dauert in Deutschland 45 Minuten.

Tipp!

d **Mach eine Wortschlage zu den Schulfächern ◄oder► zu den Schulsachen. Tausche mit einem Partner / einer Partnerin.**

PHYSIKBIOLOGIEMATHE

11

online 4

a **Ergänze *haben* in der richtigen Form.**

1. ● Ich _____ am Montag Englisch. Du auch?   ○ Nein, am Dienstag.

2. ● Sophie _____ am Dienstag Deutsch.   ○ Jannik auch.

3. ● _____ du Bonbons?   ○ Ja. Hier, bitte.   ● Danke.

4. ● Ihr _____ heute Kunst, oder?   ○ Was? Nein, wir _____ am Freitag Kunst!

5. ● _____ Clara und Jannik am Donnerstag Chor?   ○ Ja, richtig.

b **Ergänze die Tabelle.**

haben			
ich		wir	
du		ihr	
er/es/sie		sie/Sie	

12 **a** **Was ist das? Schreib.**

1. _Das ist eine Brille._ 2. _____ 3. _____

 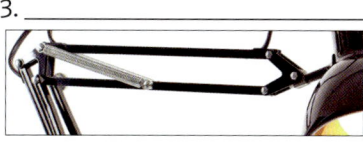

4. _____ 5. _____ 6. _____

online 5

b **Was ist in Janniks Schultasche, was nicht? Schreib *ein/eine/–* oder *kein/keine*.**

1. _Kein_ Orangensaft   5. _____ Apfel   9. _____ Buch

2. _____ Hefte   6. _____ Marker   10. _____ Lineal

3. _____ Radiergummi   7. _____ Hose

4. _____ Bonbons   8. _____ Stifte

c *der, das, die, ein, eine, –, kein, keine* – **Was passt? Ergänze.**

1. ● Ist Herr Rieger _ein_ Deutschlehrer?   ○ Nein, Herr Rieger ist _____ Direktor!

2. ● Das ist Frau Pauker. Sie ist _____ Biolehrerin in der Klasse 7a.   ○ Unterrichtet sie auch Sport?
   ● Nein, sie ist _____ Sportlehrerin.

3. ● Wo ist _____ Schulbibliothek?   ○ Hier.

4. ● Gibt es in der Cafeteria _____ Bonbons?   ○ Nein, es gibt _____ Bonbons.

5. ● Ist das ein Schüler?
   ○ Nein, das ist _____ Schüler. Das ist _____ Lehrer, das ist _____ Mathelehrer von Jannik.

13 **Lernen – üben – spielen. Was ist das? Schreib die Wörter. Ein Wort pro Bild hat einen anderen Anfangsbuchstaben. Notiere den Buchstaben. Wie heißt das Lösungswort?**

1. _Bonbon, Brille, Stift_ 2. _____ 3. _____

4. _____ 5. _____ 6. _____

Lösungswort:

1	2	3	4	5	6
S					

Wichtige Wörter

Seite 21

die **Schule**, -n _____

die **Cafeteria**, Cafeterien _____

der **Direktor**, -en _____

erklären _____

das **Fach**, Fächer _____

die **Hausaufgabe**, -n _____

die Klarinette, -n _(Ich
  spiele Klarinette.)_ _____

klasse _____

Lieblings- _(das Lieb-
  lingsfach)_ _____

manchmal _____

okay _(Das Essen ist
  okay.)_ _____

die Schulbibliothek, -en _____

das Schulorchester, - _____

der **Sportplatz**,
  Sportplätze _____

der **Stunden-
  plan**, Stun-
  denpläne _____

unterrichten _____

der **Ball**, Bälle _____

werfen _(er/es/sie wirft)_ _____

Schulfächer

Biologie (Bio)	**Kunst**
Chemie	**Mathematik** (Mathe)
Ethik	**Physik**
Geografie	Politik
Geschichte	**Religion**
Informatik	**Sozialkunde**

Seite 22

der **Apfel**, Äpfel _____

der **Ausweis**, -e _____

der **Bleistift**, -e _____

das Bonbon, -s _____

die **Brille**, -n _____

das **Buch**, Bücher _____

die **Fahrkarte**, -n _____

---

der **Füller**, - _____

das **Handy**, -s _____

die **Hose**, -n _____

der **Kugelschreiber**, -
  (der Kuli, -s) _____

das Lineal, -e _____

das Mäppchen, - _____

der **Marker**, - _____

der Orangensaft,
  Orangensäfte _____

das **Pferd**, -e _____

der **Radiergummi**, -s _____

die **Schere**, -n _____

der **Schlüssel**, - _____

die Schultasche, -n _____

die Spielkarte, -n _____

die **Uhr**, -en _____

das **Wörterbuch**,
  Wörterbücher _____

der Gegenstand, Gegen-
  stände _____

der **Buchstabe**, -n _____

das **Ding**, -e _____

die **Sache**, -n _____

üben _____

Wie heißt das (auf
  Deutsch)? _____

Was ist das? _____

die **Ahnung** _(Keine
  Ahnung!)_ _____

wissen _(er/es/sie weiß)_
  (Ich weiß nicht.) _____

Seite 23

die **Ordnung** _____

klar _(Ist doch klar!)_ _____

der **Saft**, Säfte _____

die **Farbe**, -n _____

blau _____

grün _____

rot _____

das Kl**a**ssenzimmer, - _____

das **F**e**nster**, - _____

die **L**a**mpe**, -n _____

der **St**u**hl**, St**ü**hle _____

der **T**i**sch**, -e _____

die **T**ü**r**, -en _____

die W**a**nd, W**ä**nde _____

neu _____

Seite 24

lau**fen** *(er/es/sie läuft)* _____

li**nks** _____

re**chts** _____

das Comp**u**terspiel, -e _____

se**hen** *(er/es/sie sieht)*

(Seht ihr gern Serien?) _____

die S**e**rie, -n _____

wi**r** _____

ihr _____

sie (Pl.) _____

Sie _____

le**gen** _____

das **P**aa**r**, -e _____

zie**hen** _____

erzä**hlen** _____

der Akz**e**nt, -e _____

mei**stens** _____

die S**i**lbe, -n _____

ku**rz** _____

la**ng**, l**a**nge _____

Seite 25

die Sch**u**lsachen (Pl.) _____

der Bik**i**ni, -s _____

das **Gl**a**s**, Gl**ä**ser _____

die **Kart**o**ffel**, -n _____

der **Kuli**, -s *(der Kugel-*

schreiber, -) _____

der **St**i**ft**, -e _____

ordnen _____

die **S**ei**te**, -n _____

Wie vie**l?** Wie v**ie**le? _____

das R**e**gal, -e _____

der **Schr**a**nk**, Schr**ä**nke _____

die **T**a**sche**, -n _____

immer _____

zusa**mmen** _____

Seite 26

Wa**nn?** _____

a**m** (= an dem)

(am Wochenende) _____

der **T**a**g**, -e _____

der Ch**o**r, Ch**ö**re _____

die **P**au**se**, -n _____

fr**ei**haben *(er/es/sie hat*

frei) _____

bea**ntworten** _____

mo**rgen** _____

Wochentage / die Woche

Mo**ntag**	**m**o**ntags**
Die**nstag**	**d**ie**nstags**
Mi**ttwoch**	**m**i**ttwochs**
Do**nnerstag**	**d**o**nnerstags**
Frei**tag**	**fr**ei**tags**
Sa**mstag**	**s**a**mstags**
So**nntag**	**s**o**nntags**

} das **W**o**chenende**, -n

Seite 27

cool _____

e**cht** *(Das ist unser*

Lehrer. – Echt?) _____

ein, ei**ne** _____

kein, kei**ne** _____

die **Biblioth**e**k**, -en _____

die **P**a**rty**, -s _____

die Emoti**o**n, -en _____

ra**ten** *(er/es/sie rät)* _____

der **R**u**cksack**,

R**u**cksäcke _____

die L**i**ste, -n _____

tau**schen** _____

Was kann ich?

1 **Ich kann Schulsachen und Dinge in der Schule benennen.**
→ KB/ÜB A1, A2, A3, A8, A9

✦ ~~Tisch~~ ✦ Mäppchen ✦ Bleistift ✦ Stuhl ✦ Tafel ✦ Lampe ✦ Füller ✦ Radiergummi ✦
✦ Sportplatz ✦ Lineal ✦ Schulbibliothek ✦ Marker ✦ Heft ✦ Tür ✦ Kugelschreiber ✦

Schultasche	Klasse/Schule
	der Tisch

2 **Ich kann über Stundenpläne und Schulfächer sprechen.** ☺ ☺ ☹
→ KB/ÜB A2, A10, A11

1. (Mittwoch / Deutsch / ?) ● <u>Haben wir am Mittwoch Deutsch?</u>

   ○ <u>Ja / Nein, wir ...</u>

2. (Was / dein Lieblingsfach / ?) ● _____

   ○ Mein _____

3. (Wann / du / Mathe / ?) ● _____

   ○ Ich _____

3 **Ich kann nach Dingen fragen und antworten.**
→ KB/ÜB A12

1. ● Ist das _____ Schultasche? ○ Nein, das ist _____ Schultasche. Das ist _____ Rucksack.

2. ● Sind das _____ Bücher? ○ Nein, das sind _____ Bücher. Das sind _____ Hefte.

So lerne und übe ich

4 **Ich lerne schwierige Wörter und Artikel mit Farben und Fantasiebildern.** ☐ manchmal ☐ oft ☐ nie

das Pferd, das Geld, das Glas

mein Fantasiebild zu *der, die* oder *das*

Lesen Teil 1

1 a **Lies die Texte über zwei Jugendliche. Was weißt du über die Personen? Markiere wichtige Informationen in den Texten.**

Strategie

Die Jugendlichen stellen sich in den Texten vor.
Welche Informationen sind für eine Vorstellung wichtig?
Sammle vor dem Lesen Ideen (Name, Alter, …).

Hallo, ich heiße Marco Morelli. Ich komme aus Italien, aus Bozen. Aber ich wohne jetzt in Deutschland, in Augsburg. Ich bin 14 Jahre alt. Meine Schule heißt Jakob-Fugger-Gymnasium. Ich gehe in die Klasse 8a. Ich spreche Italienisch und Deutsch und ich lerne Englisch und Spanisch in der Schule. Meine Hobbys sind Sport und Musik. Ich spiele oft Tennis und Volleyball. Ich höre gern Musik und ich singe und spiele Klavier.

Hi, ich bin Magdalena Lohmann. Ich komme aus Österreich. Aber ich wohne in Leipzig. Das ist in Deutschland. Ich bin 15 Jahre alt und gehe in die Thomas Müntzer Schule, in die Klasse 9c. Ich mache gern Mathe, Physik und Chemie. Ich habe Englisch und Französisch. Aber ich lerne nicht gern Sprachen. Ich spiele gern Computer und ich liebe Sport. Ich spiele oft Basketball und ich jogge manchmal.

b **Sprecht über die Personen in der Klasse.**

Marco kommt aus Italien.

Magdalena spielt gern Computer.

2 **Lies die Sätze 1 bis 6: Was ist richtig, was ist falsch?**

Beispiel zu **Text 1**

0 Marco wohnt in Italien. | richtig | ~~falsch~~

Text 1

1 Marco kommt aus Augsburg. | richtig | falsch
2 Marco lernt in der Schule zwei Sprachen. | richtig | falsch
3 Marco liebt Musik. | richtig | falsch

Text 2

4 Magdalena wohnt in Österreich. | richtig | falsch
5 Das Lieblingsfach von Magdalena ist Englisch. | richtig | falsch
6 Ein Hobby von Magdalena ist Basketball. | richtig | falsch

Sprechen Teil 1

3 **a** Lies die Fragen und die Antworten. Was passt zusammen? Verbinde.

Name?
Alter?
Land?
Wohnort?
Schule?
Sprachen?
Hobby?

A Ich spreche … / Ich lerne …

B Meine Hobbys sind … / Ich mache gern …

C Ich wohne in …

D Ich komme aus …

E Ich gehe in die … Schule. / Meine Schule heißt …

F Ich heiße … / Ich bin … / Mein Name ist …

G Ich bin … (Jahre alt).

b Arbeitet zu zweit und lest die Steckbriefe. Jeder/Jede wählt eine Person. Würfelt dann und sprecht den Satz für die Person.

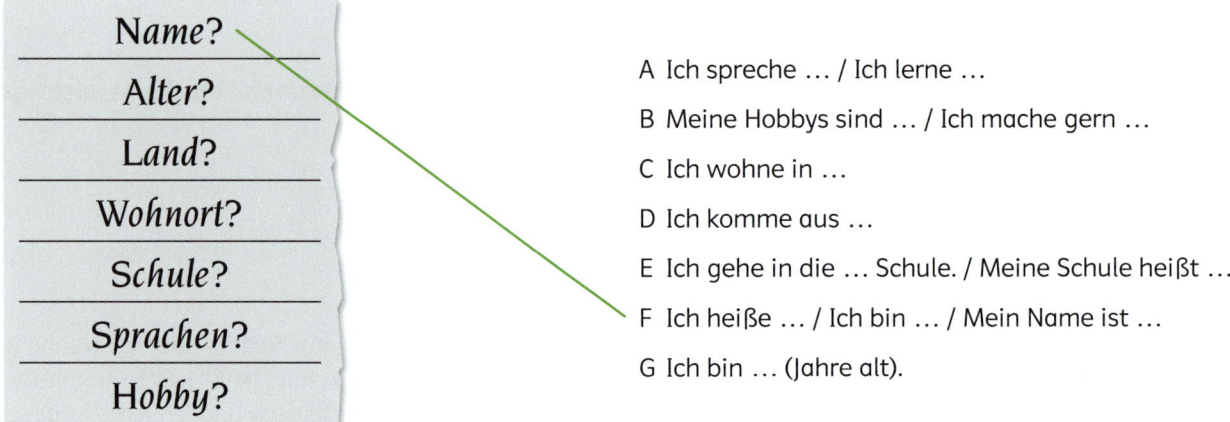

Marek Peplinski

Alter: 13 Jahre
Land: Polen
Wohnort: Deutschland, Dresden
Schule: Astrid-Lindgren-Schule, Klasse 7a
Sprachen: Polnisch, Deutsch, Englisch
Hobby: Fußball, Computer spielen

Linda Pietersteiner

Alter: 11 Jahre
Land: Österreich
Wohnort: Deutschland, Köln
Schule: Paul-Klee-Schule, Klasse 5a
Sprachen: Schwedisch, Deutsch, Englisch
Hobby: Musik, Klavier spielen, singen

 Name? | Alter? |  Land/Wohnort? | Schule? | Sprachen? | Hobbys

Ich heiße Marek.

Ich gehe in die Paul-Klee-Schule, in die Klasse 5a.

c Und du? Schreib zu jeder Frage aus 3a einen Satz über dich.

4 **a** Hör Mareks Vorstellungen. Welche ist gut, welche ist nicht so gut?

 1.20

Strategie

Übe immer wieder laut vor dem Spiegel, stell dich auch deinen Freunden in der Klasse vor.

b Lies und übe deine Vorstellung mit deinen Notizen aus 3c. Sprich dann ohne Notizen.

Du bekommst immer die gleichen Stichwörter. Du hast keine Notizen. Gute Vorbereitung macht dich sicher!

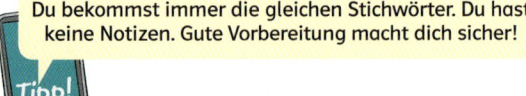

c Arbeitet zu zweit. Stellt euch einander vor. Sprecht ohne Notizen, seht nur auf die Fragen in 1a.

Ich bin Janina. Ich komme aus …

Tipp!

24 Stunden sind (m)ein Tag

4

1 a Sieh die Bilder an. Wie heißen die Wörter? Ergänze die Buchstaben.

b   **Ergänze die Mindmaps. Notiere Wörter aus 1a und Kapitel 1 im Kursbuch.**

der Tee

Essen
Trinken

das Kino

Hobby
Freizeit

2   **Was ist das? Hör und nummeriere in der richtigen Reihenfolge.**

_____ duschen   _____ Bus fahren   _____ schlafen

_____ essen   _____ schreiben   _____ lesen

3   **a**   **Welche Formen passen zusammen? Schreib und markiere wie im Beispiel.**

✦ ~~essen~~ ✦ fahren ✦ haben ✦ lesen ✦ ~~sein~~ │ ✦ ~~du bist~~ ✦ du triffst ✦ ~~du isst~~ ✦ du hast ✦ du liest ✦
✦ nehmen ✦ schlafen ✦ sehen ✦ treffen ✦ │ ✦ du siehst ✦ du fährst ✦ du schläfst ✦ du nimmst ✦

essen: du isst, sein: du bist, ..._____

_____

_____

online
1

b   **Was macht Sinan? Ergänze die Sätze.**

✦ ~~fahren~~ ✦ gehen ✦ haben ✦ lesen ✦ sehen ✦ spielen ✦ treffen ✦ haben ✦

1. Sinan _fährt_____ mit dem Bus.

2. Er _____ einen Text auf Deutsch.

3. Er _____ Jannik.

4. Sinan _____ Pause.

5. Er _____ Biologie.

6. Sinan _____ Basketball.

7. Er _____ in den Supermarkt.

8. Toll! Er _____ einen Film im Kino.

c   **Was macht Marie? Schreib Sätze.**

1. „Ich schlafe bis sieben Uhr.“   _Sie schläft bis sieben Uhr._____

2. „Ich esse ein Brötchen.“   _____

3. „Ich lese ein Buch.“   _____

4. „Ich fahre mit dem Fahrrad.“   _____

5. „Ich mache Hausaufgaben.“   _____

6. „Ich treffe Kim.“   _____

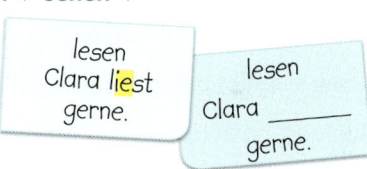

d Das machen wir. Und was macht ihr? – Ergänze die Fragen wie im Beispiel.

1. Wir haben Biologie und Chemie. Und ihr? _____Habt_____ ihr auch Biologie und Chemie?

2. Wir lesen Texte auf Deutsch. Und ihr? _____ ihr auch Texte auf Deutsch?

3. Wir machen Experimente. Und ihr? _____ ihr auch Experimente?

4. Wir singen gerne. Und ihr? _____ ihr auch gern?

5. Am Mittag essen wir in der Mensa. Und ihr? _____ ihr auch in der Mensa?

6. Wir gehen gerne zur Schule. Und ihr? _____ ihr auch gerne zur Schule?

7. Wir haben am Samstag frei. Und ihr? _____ ihr auch am Samstag frei?

e Was macht ihr auch? Schreib drei positive Antworten wie im Beispiel.

> Wir haben auch Biologie und Chemie.

f Ergänze die Tabelle. Vergleicht dann zu zweit.

	schlafen	lesen	fahren	haben	sein
ich	schlafe	lese			
du				hast	
er/es/sie			fährt		ist

g Arbeitet zu zweit. Wählt je fünf Verben und schreibt Lernkarten. Partner 1 schreibt Karten wie in Beispiel A, Partner 2 wie in B.

✦ lesen ✦ fahren ✦ essen ✦ sein ✦ haben ✦ treffen ✦ nehmen ✦ sehen ✦

A

to read

lesen
Liest du gerne
Bücher?

lesen
Clara liest
gerne.

lesen
Clara _____
gerne.

B

h Tauscht die Karten und übt die Verben.

4 Was ist wann? Notiere die Tageszeiten zu den Bildern.

✦ am Abend ✦ am Nachmittag ✦ in der Nacht ✦ am Vormittag ✦ am Mittag ✦ am Morgen ✦

1._____ 2._____ 3._____ 4._____ 5._____ 6._____

_____ _____ _____ _____ _____ _____

5 a Sag mal . . . *ich*- und *ach*-Laute – Lies die Sätze laut. Hör dann zur Kontrolle.

1.22

A Ich kaufe ein Brötchen.
B Am Nachmittag mache ich Chemie.
C Paula spricht zwei Sprachen: Griechisch und Deutsch.

b Sprich die Sätze noch einmal, erst langsam, dann schneller.

6

a **Was passt zusammen? Verbinde.**

1.	Es ist acht Uhr.	A	9:15 Uhr
2.	Es ist Viertel nach neun.	B	12:45 Uhr
3.	Es ist halb elf.	C	15:20 Uhr
4.	Es ist Viertel vor eins.	D	18:50 Uhr
5.	Es ist zwanzig nach drei.	E	8:00 Uhr
6.	Es ist zehn vor sieben.	F	10:30 Uhr

b **Was hörst du? Kreuze an.**

1. ☐ 8:30 ☐ 9:30   4. ☐ 14:15 ☐ 16:20   7. ☐ 17:55 ☐ 18:05

2. ☐ 10:45 ☐ 11:15   5. ☐ 16:10 ☐ 15:50   8. ☐ 20:00 ☐ 19:30

3. ☐ 12:05 ☐ 11:55   6. ☐ 16:40 ☐ 17:20   9. ☐ 22:10 ☐ 21:50

c **Ordne die Verben zu.**

✦ gehen ✦ treffen ✦ lesen ✦ essen ✦ machen ✦ schreiben ✦

1. einen Mathetest _____   4. ein Buch _____

2. Hausaufgaben _____   5. Freunde _____

3. zum Basketballtraining _____   6. eine Pizza _____

d **Hör den Dialog und verbinde.**

1. Paula schreibt einen Mathetest.

2. Sie fährt nach Hause.

3. Sie geht zum Basketballtraining.

4. Sie isst mit ihrer Familie eine Pizza.

e **Wie sagt man die Uhrzeiten? Schreib.**

1. _____Es ist neun Uhr._____   4. _____

2. _____   5. _____

3. _____   6. _____

7

a **Uhrzeit offiziell – Hör und sprich nach. Notiere dann die Uhrzeit.**

1. | 1 | 3 | : | 0 | 5 | 3. | | | : | | | 5. | | | : | | |

2. | | | : | | | 4. | | | : | | | 6. | | | : | | |

b Arbeitet zu zweit. Notiert fünf Uhrzeiten.
Partner 1 sagt die offizielle Uhrzeit.
Partner 2 sagt die inoffizielle Uhrzeit.
Dann wechselt ihr.

8

online
3

a Mias Tag – Schreib die Sätze anders und beginne mit der Zeitangabe.

1. Mia frühstückt um sieben Uhr.

   Um sieben Uhr frühstückt Mia.

2. Sie fährt um halb acht zur Schule.

   _____

3. Sie fährt um 14 Uhr nach Hause.

   _____

4. Sie macht am Nachmittag die Hausaufgaben.

   _____

5. Sie spielt von 17 Uhr bis 18:30 Uhr Tennis.

   _____

b Was passt: *um, am, bis* oder *von ... bis*? Ergänze.

1. Hast du _____ Samstag Zeit?

   _____ 15 Uhr gehe ich zu Oma. _____ Vormittag habe ich Zeit.

2. Was machst du _____ Mittwoch?

   _____ 14 _____ 17 Uhr habe ich Fußballtraining.

3. Wann fährst du nach Hause?

   Ich bin _____ 13 Uhr in der Schule. Ich nehme den Bus _____ 13:09 Uhr.

4. Wann lernen wir _____ Freitag Mathe? _____ 15 Uhr?

   Nein, _____ Nachmittag habe ich Chor. _____ 18 Uhr?

5. Joggen wir am Nachmittag?

   Nein, wir haben doch _____ 14 Uhr _____ 15:30 Uhr Sport in der Schule.

c Lies den Dialog und ergänze.

✦ Uhr ✦ Zeit ✦ Stunde ✦ Minuten ✦

● Lernen wir heute Nachmittag zusammen Mathe? Hast du _____ (1)?

○ Nein, jetzt ist es 14 _____ (2). Ich fahre jetzt nach Hause. Dann lerne ich eine

_____ (3) Mathe und dann gehe ich zum Basketballtraining.

Oh, mein Bus kommt in drei _____ (4), ich gehe jetzt. Tschüs!

d **Was macht Mia am Samstag? Schreib Sätze. Beginne mit dem unterstrichenen Satzteil.**

1. <u>Mia</u> – bis 10 Uhr – schlafen – .   _____Mia schläft bis 10 Uhr._____
2. sie – frühstücken – <u>um 11 Uhr</u> – .   _____
3. lernen – <u>von 12 bis 14 Uhr</u> – sie – .   _____
4. sie – <u>am Nachmittag</u> – Paula – treffen – .   _____
5. <u>um 19 Uhr</u> – sie – nach Hause – gehen – .   _____
6. sie – essen – eine Pizza – <u>am Abend</u> – .   _____

online
4

e **Der perfekte Tag – Was machst du wann? Schreib einen kurzen Text. Verwende Tages- und Uhrzeiten.**

✦ bis . . . Uhr schlafen ✦ bis . . . Uhr lesen ✦
✦ Pizza/Hamburger/Schokolade essen ✦ einen super
Test schreiben ✦ frei haben ✦ meine Freunde treffen ✦ . . . ✦

> <u>Der perfekte Tag</u>
> Am Morgen schlafe ich bis ...

9 **a** **Was passt zusammen? Verbinde und schreib die Verben zu den passenden Bildern.**

ab-   fern-   ein-   mit-   an-   auf-

kaufen   rufen   kommen   holen   stehen   sehen

1. ___anrufen_____   2. _____   3. _____

4. _____   5. _____   6. _____

b **Korrigiere die Sätze und markiere in deinen Sätzen die trennbaren Verben.**

1. Sinan steht auf um 8 Uhr.
2. Mia kauft ein im Supermarkt.
3. Sinan ruft Paula an am Nachmittag.
4. Er holt ab Paula um 16 Uhr.
5. Sie gehen ins Schwimmbad. Mia kommt mit auch.
6. Am Abend sieht fern Sinan.

> 1. Sinan ==steht== um 8 Uhr ==auf==.

c **Lies die Sätze und ordne die Verben aus dem Kasten zu.** ◆oder◆ **Ergänze die Sätze frei.**

1. Von Montag bis Freitag _____ ich um 7 Uhr _____. Am Samstag und Sonntag schlafe ich bis 11 Uhr.

2. Am Freitag _____ ich oft _____. Die Serie um 19 Uhr ist toll!

3. Wir gehen ins Kino. _____ du auch _____?

4. Ich _____ Sinan am Nachmittag _____. Wie ist Sinans Handynummer?

5. Frau Müller _____ im Supermarkt _____.

> einkaufen   mitkommen   anrufen   fernsehen   aufstehen

10

online 5

a **Ordne den Dialog und schreib ins Heft.**

Hallo Mia. Ja, ich habe Zeit. – Ja, gerne. Um wie viel Uhr? – Ja, super. Das passt. – Gehen wir zusammen ins Einkaufszentrum? – Um 11 Uhr. Ist das okay? – Hallo Paula, hast du heute Vormittag Zeit?

> Hallo Paula, hast du ...

b **Ergänze die Nachrichten.**

◆ In Ordnung ◆ Um wie viel Uhr ◆
◆ Nachmittag ◆ ins Kino gehen ◆ Tut mir leid ◆

Hi Luis, _____ wir _____?

Wann denn?

Heute _____.

_____.
Das geht nicht. Vielleicht morgen?

_____?

Vielleicht um 16 Uhr?

_____.

11

Lernen – üben – spielen. Arbeitet zu zweit. Jeder/Jede ergänzt einen Text. Vergleicht dann die Texte.

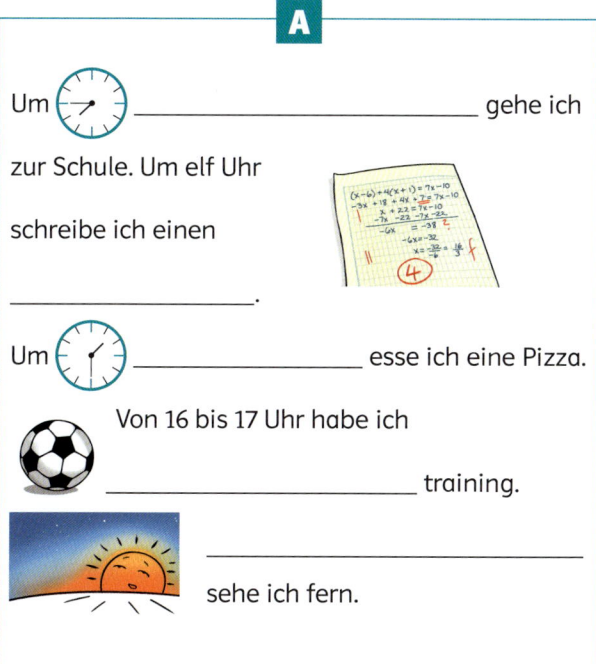

A

Um [🕖] _____ gehe ich zur Schule. Um elf Uhr schreibe ich einen _____.

Um [🕐] _____ esse ich eine Pizza.

Von 16 bis 17 Uhr habe ich _____ training.

_____ sehe ich fern.

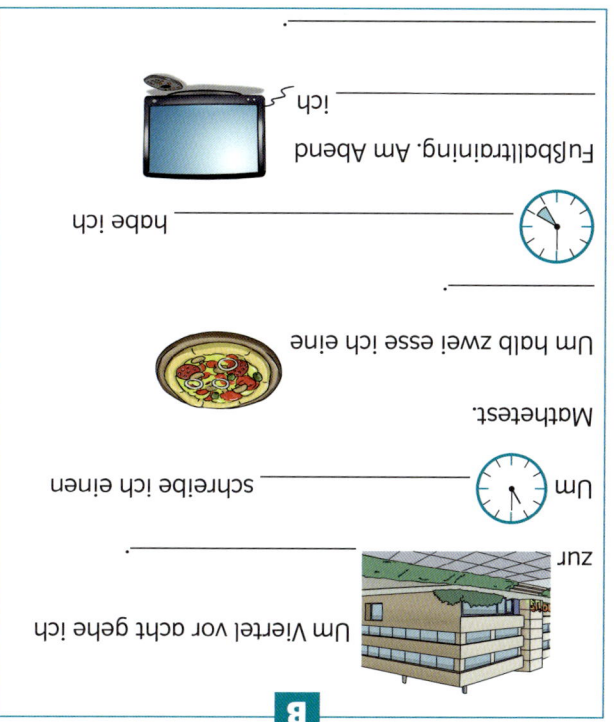

B

_____.

Fußballtraining. Am Abend ich _____

habe ich _____.

Um halb zwei esse ich eine _____

Mathetest.

Um _____ schreibe ich einen

Um Viertel vor acht gehe ich _____ zur

Wichtige Wörter

Seite 35

der **Bus**, -se _____

der **Club**, -s _____

der **Film**, -e _____

das **Internet** _____

die **Stunde**, -n _____

die **Banane**, -n _____

die **Mensa**, -s _____

das **Popcorn** _____

der **Salat**, -e _____

der **Supermarkt**, Super-
märkte _____

die **Tomate**, -n _____

fast _____

helfen _(er/es/sie hilft)_ _____

die **Idee**, -n _(Ich habe
eine Idee.)_ _____

leicht _____

Seite 36

das **Brötchen**, - _____

essen _(er/es/sie isst)_ _____

früh _____

das **Frühstück** _____

das **Müsli**, -s _____

müde _____

Gute Nacht! _____

schlafen _(er/es/
sie schläft)_ _____

wecken _____

duschen _____

fahren _(er/es/sie fährt)_ _____

kaufen _____

die **Minute**, -n _____

die **Mutter**, Mütter _____

nehmen _(er/es/sie
nimmt) (Sie nimmt
die Linie 15.)_ _____

das **Radio**, -s _____

Uhr _(Kim schläft
bis 7:00 Uhr.)_ _____

kontrollieren _____

Seite 37

anders _____

der **Freund**, -e _____

die **Freundin**, -nen _____

in _(in der Nacht)_ _____

sonst _____

Tageszeiten

der **Morgen**, -	**morgens**
der **Vormittag**, -e	**vormittags**
der **Mittag**, -e	**mittags**
der **Nachmittag**, -e	**nachmittags**
der **Abend**, -e	**abends**
die **Nacht**, Nächte	**nachts**

Seite 38

die **Uhrzeit**, -en _____

spät _(Wie spät ist es?)_ _____

das **Viertel**, - _(Es ist Vier-
tel nach eins.)_ _____

halb _(Es ist halb
drei.)_ _____

vor _(Es ist zwanzig vor
sechs.)_ _____

nach _(Es ist fünf nach
zehn.)_ _____

das Basketball-
training, -s _____

nach Hause _____

frühstücken _____

der Hotdog, -s _____

die **Pizza**, -s _____

der Mathetest, -s _____

korrigieren _____

das **Papier**, -e _____

verschieden _____

Seite 39

der **Kopf**, Köpfe _____

die Münze, -n _____

stehen _____

um (um elf Uhr) _____

besuchen _____

die **Oma**, -s _____

der **Opa**, -s _____

die **Zeit** _____

der **Plan**, Pläne _____

korrekt _____

Seite 40

ab|holen _____

an|rufen _____

ein|kaufen _____

fern|sehen
(er/es/sie
sieht fern) _____

erst (Ich stehe erst um
11 Uhr auf.) _____

mit|kommen _____

das **Schwimmbad**,
Schwimmbäder _____

besonders _____

durcheinander _____

Seite 41

die Verabredung, -en _____

heute _____

sofort _____

gehen (Das geht nicht.) _____

leidtun (Es tut mit leid.) _____

in Ordnung _____

vielleicht _____

das **Café**, -s _____

das **Einkaufszentrum**,
Einkaufszentren _____

das Stadion, Stadien _____

geöffnet _____

shoppen _____

spazieren gehen _____

einmal _____

zuerst _____

der **Teil**, -e _____

wechseln _____

kosten (Was / Wie viel
kostet …?) _____

vorspielen _____

Seite 42

formulieren _____

Was kann ich?

1 **Ich kann einen Tagesablauf beschreiben und Tages- und Uhrzeiten nennen.** ☺ ☺ ☹

→ KB/ÜB A2, A4, A6, A7, A8, A9

✦ zur Schule fahren ✦ am Vormittag ✦ aufstehen ✦ einen Mathetest schreiben ✦ Fußballtraining haben ✦
✦ am Abend ✦ Marie treffen ✦ Computer spielen ✦ um ... Uhr ✦ am Nachmittag ✦

Lukas steht um sieben Uhr auf …

2 **Ich kann mich verabreden.** ☺ ☺ ☹

→ KB/ÜB A10

✦ wie viel Uhr ✦ ins Einkaufszentrum ✦ in Ordnung ✦ heute Nachmittag ✦

● Hast du _____ (1) Zeit?

○ Ja.

● Gehen wir zusammen _____ (2)?

○ Ja, gern. Um _____ (3)?

● Um 15 Uhr. Ist das okay?

○ Ja, _____ (4).

So lerne und übe ich

3 **Ich schreibe Lernkarten zu Verben mit Beispielen.** ☐ manchmal ☐ oft ☐ nie

lesen
_____

treffen
Tom trifft Felix
am Abend.

fern|sehen
_____

auf|stehen
Ich stehe um
7 Uhr auf.

1

a   Was ist das? Schreib die Wörter mit Artikel. Ergänze die Wörter auch in deiner Sprache.

1. _die Nudeln_____

2. _____

3. _____

4. _____

5. _____

6. _____

7. _____

8. _____

9. _____

10. _____

b   Was passt zusammen? Verbinde.

das Mineralwasser

A

die Birne

B der Kuchen

C

das Eis   das Ei

das Brötchen

D

E

die Banane

F der Zucker

G

H

c   Welches Wort passt nicht? Streiche durch.

1. der Apfel – die Birne – das Brot – die Banane

2. der Orangensaft – die Nudeln – das Mineralwasser – die Cola

3. das Brot – der Kuchen – das Brötchen – der Salat

4. die Salami – die Schokolade – das Eis – der Kuchen

online
1

d   Wie heißen die Geschäfte? Schreib die Wörter.

die thpoAeek

der murtkSpare

die eikcBeär

die gtzeeMier

_____   _____   _____   _____

e   Kilo – Gramm – Liter – Was passt? Ergänze.

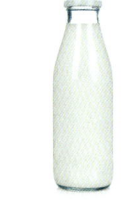

1. 2 ___Kilo___ Äpfel

2. 1 _____ Milch

3. 15 _____ Zucker

4. 100 _____ Salami

5. 1 _____ Bananen

6. 1 _____ Cola

2

online
2

a   Welches Verb passt wo? Schreib.

✦ kaufen ✦ putzen ✦ ~~machen~~ ✦ backen ✦ gehen ✦ haben ✦

1. eine Idee _____

2. Hausaufgaben ___machen_____

3. Eier _____

4. die Küche _____

5. den Kuchen _____

6. in die Bäckerei _____

b   Wähle drei Ausdrücke aus 2a und schreib Sätze.

3

online
3

a   Die Schulparty – Ergänze den Artikel.

✦ der Kuchen ✦ die Pizza ✦ die Salami ✦ die Cola ✦ der Salat ✦ der Apfelsaft ✦ die Brötchen (Pl.) ✦

Kuchen: Kim und Marie
Salat: Henri
Pizza: Lukas
Apfelsaft: Ben
Cola: Sarah
20 Brötchen: Valentin
Salami: Paula

1. Wer backt __den__ Kuchen?

2. Wer macht _____ Salat?

3. Wer macht _____ Pizza?

4. Wer kauft _____ Apfelsaft?

5. Wer bringt _____ Cola mit?

6. Wer bringt _____ Brötchen mit?

7. Wer kauft _____ Salami?

 b   Sprecht zu zweit. Antwortet auf die Fragen in 3a.

Wer backt den Kuchen?

Kim und Marie.

c   Was machen Kim und Marie? Bilde Sätze. Achte auf die Artikel.

1. Kim – kaufen – der Zucker – und – die Eier

   Kim kauft den Zucker und die Eier.

2. Marie – mitbringen – das Mehl – und – die Äpfel

   _____

3. Kim und Marie – backen – der Apfelkuchen

   _____

4. Kim – putzen – die Küche

   _____

5. Kim und Marie – machen – die Hausaufgaben

   _____

d   Oh nein, alles falsch! Korrigiere die Sätze.

1. Der Kuchen backt das Mädchen.

   Das Mädchen backt den Kuchen.

2. Die Pizza isst den Lehrer.

   _____

3. Die Hausaufgaben machen den Schüler.

   _____

4. Die Nudeln essen die Frau.

   _____

5. Der Orangensaft kauft die Lehrerin.

   _____

e   Wer findet was? Spielt zu zweit.

Findest du die Pizza?

Ja, hier.
Siehst du den Orangensaft?

4

a **Was kostet das? Hör und verbinde.**

1. Das Mineralwasser kostet …
2. Die Schokolade kostet …
3. Das Eis kostet …

B 55 Cent

A 2,20 Euro

C 1,30 Euro

D 80 Cent

E 3,90 Euro

4. Der Kuchen kostet …
5. Das Brötchen kostet …

b **Ergänze die Dialoge.**

1. ● W ___ ___ v ___ ___ ___ kos___ ___ ___ ein Stück Kuchen?
   ○ 4 Euro.
   ● Oh, das ist t ___ ___ ___ ___ !

2. ● W ___ ___ kost ___ ___ die Pizza?
   ○ 90 Cent.
   ● 90 Cent? Das ist b ___ ___ ___ ___ ___ .

5

a **Welcher Artikel ist richtig? Kreuze an.**

1. ● Nimmst du ☐ einen ☐ ein ☐ eine Hamburger oder ☐ einen ☐ ein ☐ eine Pizza?
   ○ Hamburger und Pizza? Nee, ich nehme ☐ einen ☐ ein ☐ eine Salat.

2. ● Was trinkst du? ☐ Einen ☐ Ein ☐ Eine Orangensaft?
   ○ Nein, ich nehme ☐ einen ☐ ein ☐ eine Cola.

3. ● Ich kaufe jetzt ☐ einen ☐ ein ☐ eine Brötchen. Und du?
   ○ Ich esse nichts. Ich kaufe nur ☐ einen ☐ ein ☐ eine Wasser.

4. ● Essen wir ☐ einen ☐ ein ☐ eine Eis?
   ○ Ja, gern. Schokolade, bitte.

5. ● Ich kaufe jetzt ☐ einen ☐ ein ☐ eine Donut und ☐ einen ☐ ein ☐ eine Banane.
   ○ Ach, ich nehme ☐ einen ☐ ein ☐ eine Brötchen mit Käse.

b **Ergänze die Tabelle.**

	Artikel			
Nominativ	der – ein	das – ein	die – eine	die (Pl.) – ✂
Akkusativ	den – _____	das – _____	die – _____	die – ✂

c **Was passt wo? Ergänze.**

✦ ein ✦ eine ✦ das ✦ der ✦ ein ✦ ein ✦ die ✦ einen ✦ eine ✦

1. ● Möchtest du auch _____ Eis?
   ○ Ja, gern. … Mhm, _____ Schokoladeneis ist so gut!

2. Sarah kauft _____ Pizza. _____ Pizza ist sehr gut.

3. ● Oh toll, Brötchen! Wie viel kostet _____ Brötchen?   ○ 35 Cent.
   ● Okay, dann nehme ich zwei Brötchen und _____ Cola.

4. Henri isst jeden Tag _____ Apfel. Das ist gesund.

5. _____ Apfelsaft ist teuer! 2 Euro! Ich nehme _____ Wasser.

6 a Am Kiosk – Wer sagt das? Notiere V (Verkäufer/Verkäuferin) oder K (Kunde/Kundin).

1. Ich möchte einen Orangensaft, bitte.   K

2. Was darf's sein?   ____

3. Ich nehme ein Stück Pizza.   ____

4. Ich hätte gern ein Brötchen mit Salami.   ____

5. Guten Morgen, was möchtest du?   ____

6. Ist das alles?   ____

b Hör den Dialog und schreib. ◄oder► Schreib den Dialog und hör zur Kontrolle. (1.27)

✦ Ich hätte gern ein Brötchen mit Käse. ✦ Das macht 2,50 Euro. ✦ Bitte sehr? ✦
✦ Ja, ich nehme auch ein Wasser. ✦ Danke. Tschüs. ✦ Gern. Noch etwas? ✦ Hier, bitte. ✦

● _____

● _____

○ _____

● _____

○ _____

● _____

○ _____

● _____

c Schreib eine passende Frage oder Antwort.

1. ● Hallo, was möchtest du?

○ _____

2. ● _____

○ Ein Brötchen mit Käse kostet 1,80 Euro.

3. ● Noch etwas?

○ _____

d Ergänze die Endungen.

1. Was möcht_____ du?

2. Ich möcht_____ einen Donut mit Schokolade.

3. Sarah möcht_____ zwei Bananen.

4. Möcht_____ Sie noch etwas?

5. Möcht_____ ihr auch eine Cola?

6. Wir möcht_____ einen Apfelsaft und eine Cola.

7 Sag mal . . . Umlaute ä, ö, ü – Hör die Sätze und sprich nach. (1.28)

1. Ich möchte fünfzehn Brötchen, bitte.

2. Wir hören Musik zum Frühstück.

3. Ich hätte gern ein Wasser.

4. Später essen wir ein Stück Kuchen.

5. Der Kuchen ist in der Küche.

6. Der Käse ist gut.

8 **a** **Was isst Ben? Hör und verbinde.**

🎧 1.29

Frühstück   Mittagessen   Abendessen

✏️ **b** **Schreib einen Text über Ben.**

✦ Zum Frühstück isst Ben … ✦ Mittags … ✦ Am Abend … ✦ Er isst gern … ✦

_____

_____

_____

c **Was passt? Ergänze *und, oder, aber*.**

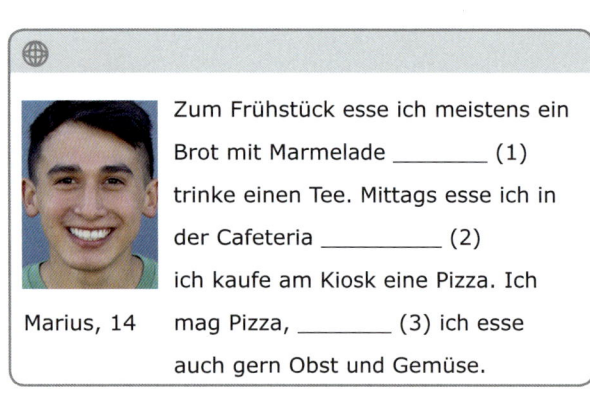

Zum Frühstück esse ich meistens ein Brot mit Marmelade _____ (1) trinke einen Tee. Mittags esse ich in der Cafeteria _____ (2) ich kaufe am Kiosk eine Pizza. Ich mag Pizza, _____ (3) ich esse auch gern Obst und Gemüse.

Marius, 14

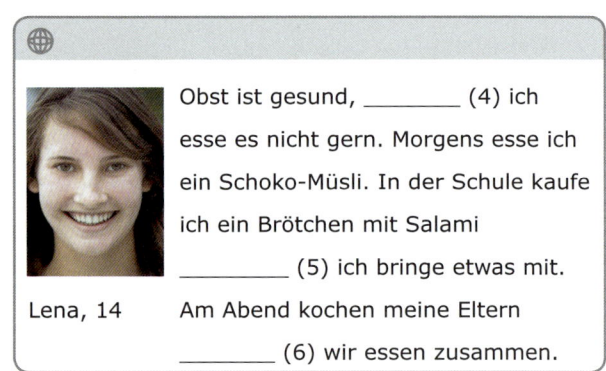

Obst ist gesund, _____ (4) ich esse es nicht gern. Morgens esse ich ein Schoko-Müsli. In der Schule kaufe ich ein Brötchen mit Salami _____ (5) ich bringe etwas mit. Am Abend kochen meine Eltern _____ (6) wir essen zusammen.

Lena, 14

d **Schreib Sätze.**

1. zum Frühstück – Kim – essen – Müsli – und – Milch – trinken – .

_____

2. am Wochenende – kochen – Frau Müller – oder – gehen – sie – in ein Café – .

_____

3. Marie – essen – nicht gern – Obst – aber – Gemüse – essen – sie – gern – .

_____

e Ordne die Wörter.

✦ nie ✦ oft ✦ meistens ✦ ~~immer~~ ✦ manchmal ✦

_____ _____ _____ _____ _immer_____

f Und du? Ergänze Wörter aus 8e.

1. Zum Frühstück esse ich _____ ein Müsli.

2. Mittags esse ich _____ eine Suppe.

3. Am Nachmittag trinke ich _____ einen Orangensaft.

4. Zum Abendessen esse ich _____ Brot.

9 a _Ich mag ..._ – Ergänze die passende Form von _mögen_.

online
5

1. _____ du Obst und Gemüse?

2. Ich _____ keinen Salat, aber ich esse viel Gemüse.

3. Henri _____ keine Salami und keinen Schinken.

4. Viele Schüler _____ Schokolade und Eis.

5. _____ ihr Fisch?

6. Wir _____ Fleisch, aber keinen Fisch.

b Was mögen die Schüler und was mögen sie nicht? Schreib Sätze.

	Kim	Lukas	Marie
☺	🍌	🍔	🍝
☹	🐟	🥚	🍲

1. _Kim mag Bananen, aber sie mag keinen ..._ _____

2. _____

3. _____

10 Lernen – üben – spielen. Arbeitet zu zweit. Jeder/Jede ergänzt einen Text. Diktiert euch den Text und korrigiert.

A

Morgens esse ich immer _____.

In der Schule trinke ich _____.

Mittags esse ich meistens _____.

Zum Abendessen esse ich oft _____.

B

Zum Frühstück esse ich oft _____.

Zum Mittagessen esse ich meistens _____.

Am Nachmittag trinke ich _____.

Abends esse ich oft _____.

Wichtige Wörter

der **Appetit** (Guten
  Appetit!) _____

die **Birne**, -n _____

das **Brot**, -e _____

der **Kuchen**, - _____

das **Eis**, - _____

das **Ei**, -er _____

der **Käse** _____

die **Lebensmittel** (Pl.) _____

die **Milch** _____

das **Mineralwasser**, - _____

die **Nudel**, -n _____

die **Salami**, -s _____

der **Zucker** _____

das **Geschäft**, -e _____

die **Apotheke**, -n _____

die **Bäckerei**, -en _____

die Metzgerei, -en /
  die Fleischerei, -en _____

das **Gramm**, - _____

das **Kilo**, -s
  (das Kilogramm, -) _____

der **Liter**, - _____

der **Apfelkuchen**, - _____

backen _____

glauben _____

etwas (Bitte bringt
  etwas mit.) _____

die **Küche**, -n _____

das **Mehl** _____

mit|bringen _____

putzen _____

rein|kommen _____

die Schulparty, -s _____

würfeln _____

der **Apfelsaft**, Apfelsäfte _____

der **Hamburger**, - _____

das **Stück**, -e (ein Stück
  Kuchen) _____

der **Preis**, -e _____

teuer _____

billig _____

überlegen _____

der **Kiosk**, -e _____

der **Hunger** (Ich habe
  Hunger.) _____

der **Donut**, -s _____

trinken _____

die **Frau**, -en _____

der **Mann**, Männer _____

der **Junge**, -n _____

das **Mädchen**, - _____

Seite 47

Was darf's sein? _____

Ich hätte gern … _____

Das macht … _____

Bitte schön. _____

möchten *(er/es/sie möchte)* _____

der **Kunde**, -n _____

der **Verkäufer**, - _____

Seite 48

kochen _____

mögen *(er/es/sie mag)* _____

das Abendessen, - _____

das **Mittagessen**, - _____

das Fast Food _____

das Sandwich, -s _____

der **Fisch**, -e _____

das **Fleisch** _____

die **Wurst**, Würste _____

der Schinken, - _____

das **Obst** _____

das **Gemüse**, - _____

der **Kakao**, -s _____

die **Marmelade**, -n _____

der **Reis** _____

die **Suppe**, -n _____

der Vegetarier, - _____

also *(Ich esse auch gern Fast Food, also Hamburger oder Hot Dog.)* _____

gesund _____

komisch *(Ich finde das komisch.)* _____

warm _____

die **Eltern** *(Pl.)* _____

normalerweise _____

zu Hause _____

jede, jeder _____

die **Notiz**, -en _____

Häufigkeit
immer
meistens
oft
manchmal
nie

Seite 49

lecker _____

der Spinat _____

der **Chat**, -s _____

brauchen _____

dafür *(Kuchen: Was braucht ihr dafür?)* _____

durch *(Geht durch das Klassenzimmer.)* _____

Was kann ich?

1 **Ich kann mit Verkäufern sprechen.** ☺ ☺ ☹
→ KB/ÜB A6

- Was darf's sein? ○ _____
- Ist das alles? ○ _____
- Das macht 3,90 Euro. ○ _____

2 **Ich kann nach Preisen fragen.** ☺ ☺ ☹
→ KB/ÜB A4

- _____ ? ○ 4,80 Euro.

3 **Ich kann über Essgewohnheiten sprechen.** ☺ ☺ ☹
→ KB/ÜB A8

Zum Frühstück esse ich meistens _____

Mittags esse ich _____

Zum Abendessen esse ich oft _____

Ich trinke gern _____

Mein Lieblingsessen ist _____

4 **Ich kann sagen, was ich mag.** ☺ ☺ ☹
→ KB/ÜB A9

Ich mag _____

Aber ich mag kein _____

So lerne und übe ich

5 **Ich lerne Wörter mit Bildern.** ☐ manchmal ☐ oft ☐ nie

_____ _____ _____ _____ _____

1 **Familiendomino – Spielt zu zweit.**

uns ein Freund von Papa.	Meine Familie wohnt

wir Volleyball im Park.	Meine Mutter hat

wir oft bei Oma Ina.	Mein Großvater

Techniker von Beruf.	Papa kocht immer

Spaghetti mit Käse.	Heute besucht

wir nach England.	Gehen wir heute

ins Schwimm-bad?	Nach der Schule essen

in Berlin.	Ich habe einen Bruder,

zwei Pferde.	Mein Vater ist

ist 85 Jahre alt.	Besuchst du heute

deine Groß-mutter?	Am Sonntag spielen

er heißt Frederik.	In den Ferien fahren

> Meine Familie wohnt …

> In Berlin.

> Ich habe einen Bruder, …

2 a **Familie und Verwandte – Welche Wörter findest du? Markiere.**

VATERTANTEGROßVATERBRUDERCOUSINEELTERNGROßMUTTERSOHNSCHWESTER
GESCHWISTERONKELTOCHTERCOUSINVERWANDTEMUTTERGROßELTERNKINDER

online 1

b **Bilde Paare und ergänze die Wörter aus 2a mit Artikel in der Liste. oder Schreib einen Stammbaum ins Heft. Nutze mindestens neun Wörter aus 2a.**

der Vater _____ + _die Mutter_____ = _____

_____ + _____ = _____

_____ + _____ = _____

_____ + _____ = _____

_____ + _die Cousine_____ = _____

_____ + _____ = _____

c   **Lies die Dialoge. Welche Possessivartikel sind richtig? Kreuze an.**

1. ● Wie heißt ☐ dein ☐ deine Cousine?   ○ Sie heißt Oxana.
2. ● Wo ist Kleopatra?   ○ ☐ Mein ☐ Meine Katze ist zu Hause.
3. ● ☐ Mein ☐ Meine Hausaufgaben sind weg!!   ○ Was? Wie? Weg?
4. ● Ist ☐ dein ☐ deine Fahrrad neu?   ○ Ja, schön, oder?
5. ● Ist Max ☐ dein ☐ deine Bruder?   ○ Nein, das ist Nils.

3

online
2

a   **Ergänze die passenden Possessivartikel.**

> Überlege: Wie heißt der Artikel?
> der Ball → ein Ball
> mein/dein/ihr/sein … Ball
>
> Tipp!

A Das Handy klingelt! Ist das __dein__ Handy?   Nein, das ist _____ Handy.

B Oh, die Bananen. Entschuldigung, sind das _____ Bananen?   Oh ja, das sind _____ Bananen. Danke.

C Und die Bücher? Linus, Jana … sind das _____ Bücher?   Nein, das sind nicht _____ Bücher! Das sind _____ Bücher.

D Oh, die Tasche! Ist das _____ Tasche?   Nein, das ist _____ Tasche.

b   **Ist das …? Ja, …! – Ergänze die Dialoge.**

1. ● Jakob, Paul … sind das _____eure_____ Eltern?   ○ Ja, das sind _____ Eltern.
2. ● Ist das _____ Buch, Frau Schmidt?   ○ Ja, das ist _____ Buch. Danke.
3. ● Ist das der Vater von Ben und Timo?   ○ Ja, das ist _____ Vater.
4. ● Kim, Marie … ist das _____ Lehrer?   ○ Ja, das ist _____ Lehrer.
5. ● Sind das die Taschen von Caro und Julia?   ○ Ja, das sind _____ Taschen.
6. ● Ist das _____ Klasse, Herr Hauser?   ○ Ja, das ist _____ Klasse. Warum?

c   **Meine Geschwister und ich – Lies die Sätze und kreuze den richtigen Possessivartikel an.**

Ich bin Janina. Mein Bruder heißt Alex. (1) ☐ Sein ☐ Ihr Hobby ist Skaten. Meine Schwester heißt Larissa.
(2) ☐ Ihre ☐ Seine Freunde sagen einfach Lissy. (3) Alex und ☐ ihre ☐ seine Freunde machen viele Videos.
(4) „☐ Unsere ☐ Eure Filme sind im Internet.", sagt Alex. (5) Ich finde: ☐ Unsere ☐ Ihre Filme sind ganz cool.
(6) Und was machen ☐ eure ☐ ihre Geschwister? Wie sind sie?

4 a Lies die E-Mail von Ida und beantworte die Fragen. Schreib ins Heft.

1. Wo wohnt Ida?
2. Wie heißt ihre Schule?
3. Wie viele Geschwister hat Ida?
4. Was sind ihre Hobbys?
5. Wer ist Hasso?
6. Wen sucht Ida?

✉

Hallo Leute,

ich bin Ida. Ich bin 14 Jahre alt und ich wohne in Kopenhagen. Das ist die Hauptstadt von Dänemark. Ich lerne in der Schule Deutsch. Ich gehe in eine deutsch-dänische Schule und wir haben Unterricht auf Deutsch und auf Dänisch. Meine Schule heißt Sankt Petri Schule.

Meine Familie und ich leben im Zentrum von Kopenhagen. Meine Familie, das sind mein Vater und meine Mutter, meine zwei Schwestern Ella (12) und Stina (10) und mein Bruder Lasse (5). Und natürlich Hasso, das ist unser Hund. Bei uns ist es immer laut und lustig. Meine Hobbys sind malen, Hiphop und Beach-Volleyball.

Ich möchte E-Mails auf Deutsch schreiben und auf Deutsch skypen. Macht ihr mit? Ich suche einen Partner oder eine Partnerin für Deutsch. Bitte antwortet.

Liebe Grüße, Ida

b Antworte Ida. Schreib zu den folgenden Fragen.

Wie heißt du?
Wie alt bist du?
Wer sind deine Eltern / deine Geschwister?
Was sind deine Hobbys?
Wo wohnst du?

5 a Welche Form ist richtig? Markiere.

1. ● Hi Paul. Wie findest du meinen/**mein**/meine Handy?   ○ Cool.
2. ● Hallo, Frau Klein. Wir suchen unseren/unser/unsere Ball. Ist er hier?   ○ Nein, tut mir leid. Euren/Euer/Eure Ball sehe ich nicht.
3. ● Wir wohnen in der Annastraße.   ○ Ich weiß. Ich kenne euren/euer/eure Haus.
4. ● Machst du deinen/dein/deine Hausaufgaben?   ○ Ja, ja, gleich.
5. ● Nimmst du den Bus um 13 Uhr?   ○ Nein, ich rufe meinen/mein/meine Onkel an. Er holt mich ab.
6. ● Die Klasse 8a sucht ihren/ihr/ihre Lehrer.   ○ Herrn Hauser? Ich rufe ihn gleich an.
7. ● Sonja hat eine Band. Sie schreibt und singt ihren/ihr/ihre Lieder selbst.   ○ Das ist echt super!
8. ● Marc ist der Bruder von Ben. Kennst du seinen/sein/seine Bruder?   ○ Nein.

Nominativ:
euer Ball
→ Akkusativ:
euren Ball

Tipp!

b Nominativ oder Akkusativ? Ergänze und schreib Antworten wie im Beispiel.

1. ● Ist das d_ein_____ Füller?   ○ Ja, das ist m_ein_____ Füller.

2. ● Nehmt ihr e_____ Rucksäcke mit?   ○ Ja, wir nehmen _____.

3. ● Ist das e_____ Direktor?   ○ Ja, _____.

4. ● Habt ihr m_____ Bleistift?   ○ Nein, wir _____.

5. ● Sind d_____ Eltern nett?   ○ Ja klar, _____.

6. ● Triffst du heute d_____ Freund?   ○ Ja, _____.

6 **a** **Welches Tier ist das? Schreib die Tiernamen mit Artikel.**

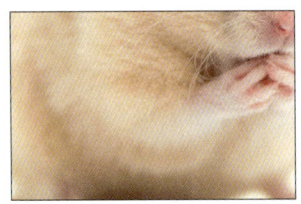 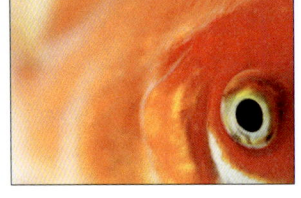  

1. _der Hamster_   2. _____   3. _____   4. _____

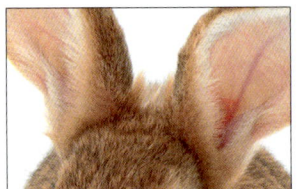  

5. _____   6. _____   7. _____

b **Tina und ihre Tiere – Was erzählt Tina? Hör und schreib die Informationen in die Tabelle.**

	Fee	Pfiffi	Lilli	Benny, Balu	Lina
Tier					
Alter	drei				✕
Lieblingsspielzeug	✕			✕	✕
Lieblingsessen					

c **Hör noch einmal und verbinde. Schreib dann die Sätze.**

online 3

1. Fee   A Lieblingsspielzeug ist der Ball.   _____

2. Lilli   B Lieblingswort ist Banane.   _____

3. Balu   C Vater mag das Pferd nicht.   _____

4. Tina   D Bruder heißt Benny.   _____

5. Lina   E Stall steht im Garten.   _Linas Lieblingswort ist Banane._

d **Tinas Tiere – Was ist für wen? Schreib Sätze.**

1. Leckerlis → Hund Pfiffi   _Die Leckerlis sind für ihren Hund Pfiffi._

2. Äpfel → Pferd Fee   _____

3. Ball → Katze Lilli   _____

4. Salat → Hamster Benny und Balu   _____

5. Bananen → Papagei Lina   _____

7 a Welche Berufe sind das? Schreib die Berufe zu den Fotos.

   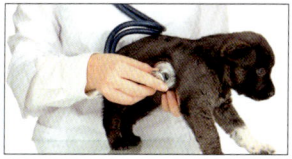

1. der Bäcker / die Bäckerin   2. _____   3. _____   4. _____

5. _____   6. _____   7. _____   8. _____

9. _____   10. _____   11. _____

b Welche Wörter passen zu welchem Beruf? Es gibt mehrere Möglichkeiten.

✦ das Brot ✦ reparieren ✦ der Unterricht ✦ die Pizza ✦
✦ der Text ✦ die Spaghetti ✦ malen ✦ das Haustier ✦ kochen ✦
✦ das Bild ✦ das Büro ✦ die Klinik ✦ planen ✦ der Computer ✦
✦ das Haus ✦ der Kuchen ✦ der Termin ✦ die Farbe ✦ backen ✦
✦ telefonieren ✦ das Auto ✦ die Firma ✦ der Motor ✦ bauen ✦
✦ das Brötchen ✦ die Schule ✦ die Klasse ✦ lernen ✦

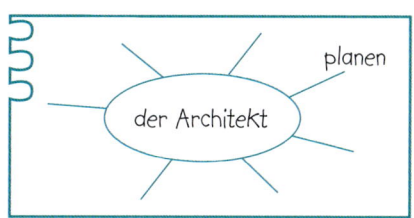

planen

der Architekt

c Wähle einen anderen Beruf und schreib passende Wörter dazu.

8 a Sag mal ... *oder*-Fragen – Ergänzt die Fragen zu zweit.

1. Was isst du gern? Pizza oder _____?

2. Was spielst du? Basketball oder _____?

3. Was hörst du? Pink oder _____?

4. Wen magst du? Bruno Mars oder _____?

5. Wo machst du Ferien? In Italien oder _____?

6. Wen besuchst du? Deine Oma oder _____?

b Tauscht mit euren Nachbarn. Lest die Fragen erst leise, dann laut. Fragt und antwortet abwechselnd. Achtet auf die Intonation.

c Wählt vier Fragen aus 8a. Fragt euren Lehrer / eure Lehrerin.

> Was essen Sie gern? Pizza ...

9 Hör die Situationen und lies die Sätze. Was sagen die Eltern? Ordne zu.

✦ A Mach die Musik leise! ✦ B Seid ruhig! ✦ C Räum auf! ✦ D Streitet nicht! ✦

Situation 1: _____   Situation 2: _____   Situation 3: _____   Situation 4: _____

10 **a** Zu wem sagst du das? Verbinde.

Erklären Sie das bitte!   Komm mit!   Hört auf!

Geben Sie bitte keine Hausaufgaben!   Ruft später an!   Sei leise!

b Ergänze die Tabelle. Die Sätze in 9 und 10a helfen.

du-Form	ihr-Form	Sie-Form
Mach die Musik leise!	Macht die Musik leise!	Machen Sie die Musik leise!
Erklär das bitte.		
		Seien Sie ruhig!
Ruf später an!		
	Kommt mit!	
Streite nicht!		Streiten Sie nicht!

Verben mit der Endung **-ten** und **-den**, z. B. streiten, finden:

du streitest → streite
ihr streitet → streitet

Tipp!

c Was sagen die Personen? Ergänze.

_____ nicht so viel fern!

_____ das her!

_____ Matti das Buch vor.

_____ in die Bäckerei und
_____ zehn Brötchen.

_____ nicht so viel Pizza!

_____ nicht so lange, Mama.

d Oh je! Was können die Personen machen? Schreib je fünf Tipps ins Heft.

✦ ~~ins Bett gehen~~ ✦ Tee trinken ✦ ~~keine Schokolade essen~~ ✦ viel schlafen ✦ nicht so viel fernsehen ✦

✦ Suppe essen ✦ Obst essen ✦ nicht in die Schule gehen ✦ Zimmer aufräumen ✦ Wasser trinken ✦

	A	B
1.	Iss keine Schokolade!	Geht ins Bett!

11

online
5

a Nein? Doch! – Lies die Fragen. Antworte mit *Ja, Nein* oder *Doch*.

1. Ist dein Vater kein Techniker?   👍 _Doch, er ist Techniker._

2. Schreibst du keine Briefe?   👎 _____

3. Hörst du nicht gern laut Musik?   👍 _____

4. Heißt dein Bruder Julian?   👍 _____

5. Magst du keine Katzen?   👎 _____

b Ergänze *ein/eine, kein/keine* oder *nicht*.

1. ● Hast du ___Keine___ Schwester?

   ○ Doch! Ich habe _____ Schwester.

2. ● Ist das kein Kaninchen?

   ○ Nein, das ist _____ Kaninchen.

3. ● Kommst du _____ mit ins Kino?

   ○ Doch, ich komme mit.

4. ● Möchtest du kein Brötchen?

   ○ Doch, ich möchte _____ Brötchen.

12

Lernen – üben – spielen. Finde sieben Wörter zum Thema Familie und Beruf. Notiere die Wörter mit Artikel und ergänze die fehlenden Buchstaben. Was ist das Lösungswort?

G	R	O	ß³	U	T	T	E	R
P	O⁵		I	Z	I	S	T	G	N
A	L	B	S	C	K	N	S	I	E
F	R	O	N	O	A	L	F	A	O
T	J	K	A	U¹		M	A	N	N
²	U	V	F	S	U	B	N	R	K
N	E	A	S⁴		H	A	O	B	⁷
T	E	C	H	N⁶		K	E	R	L
E	O	A	H	E	S	L	U	Z	W

_____

_____

_____

_____

_____

_____

_____

Lösungswort:

1	2	3	4	5	6	7

Wichtige Wörter

Seite 51

der **Beruf**, -e _____

der **Techniker**, - _____

der **Arzt**, Ärzte _____

die **Ärztin**, -nen _____

die Klinik, -en _____

das **Haus**, Häuser _____

die **Katze**, -n _____

blöd _____

verheiratet _____

erinnern _____

Wem? _____

Familie

die **Eltern** (Pl.):   der **Vater**, Väter (Papa)
die **Mutter**, Mütter (Mama)

das **Kind**, -er: der **Sohn**, Söhne
die **Tochter**, Töchter

die **Geschwister** (Pl.): der **Bruder**, Brüder
die **Schwester**, -n

der **Onkel**, -   die **Tante**, -n
der **Cousin**, -s   die **Cousine**, -n

die **Großeltern** (Pl.): der **Großvater**, Großväter (Opa)
die **Großmutter**, Großmütter (Oma)

das **Enkelkind**, -er

Seite 52

der/die **Verwandte**, -n _____

der **Nachbar**, -n _____

herzlich willkommen _____

der **Hund**, -e _____

lieb _____

Seite 53

drin sein _____

das **Fahrrad**, Fahrräder _____

nett _____

schwer _____

traurig _____

Warum? _____

weg _____

das **Spiel**, -e _____

berichten _____

der **Garten**, Gärten _____

leben _____

perfekt _____

Possessivartikel

mein, meine   **unser**, unsere
dein, deine   **euer**, eure
sein, seine   **ihr,** ihre
ihr, ihre   **Ihr,** Ihre

Seite 54

bekommen _____

für _____

das **Tier**, -e _____

das Haustier, -e _____

der **Hamster**, - _____

das Kaninchen, - _____

der Papagei, -en _____

das **Futter** _____

die Karotte, -n _____

das Spielzeug, -e _____

die Hundeleine, -n _____

der Stall, Ställe _____

kaputt _____

Seite 55

der **Architekt**, -en _____

der **Bäcker**, - _____

der **Ingenieur**, -e _____

die **Kauffrau**, -en _____

der **Kaufmann**,
Kaufmänner _____

der **Koch**, Köche _____

die **Köchin**, -nen _____

der **Künstler**, - _____

der Mechatroniker, - _____

der **Polizist**, -en _____

der **Sekretär**, -e _____

der Tierarzt, Tierärzte _____

die Tierärztin, -nen _____

der **Chef**, -s _____

die **Firma**, Firmen _____

der **Termin**, -e _____

männlich _____

weiblich _____

natürlich _____

planen _____

die Chips (Pl.) _____

selbst _____

Seite 56

auf|hören _____

auf|räumen _____

das Chaos _____

chatten _____

doch *(Räumst du nicht
auf? – Doch.)* _____

gucken _____

geben *(er/es/sie gibt)* _____

her|geben *(er/es/sie
gibt her)* _____

lassen *(er/es/sie lässt)
(Lass das!)* _____

Oh, Mann! _____

ruhig *(Sei ruhig!)* _____

streiten _____

verliebt _____

das **Zimmer**, - _____

zu|machen *(die Tür zu-
machen)* _____

allein _____

der Blödmann, Blöd-
männer _____

die **Geschichte**, -n _____

noch mal _____

weiter|gehen
*(Wie geht die
Geschichte weiter?)* _____

Seite 57

auf|machen _____

reagieren _____

die **Lust** *(Ich habe keine
Lust.)* _____

filmen _____

Was kann ich?

1 **Ich kann über meine Familie und Verwandten sprechen und schreiben.** ☺ ☺ ☹
→ KB/ÜB A2, A5

Meine Eltern heißen _____ und _____.

Sie sind _____ und _____ Jahre alt. Ich habe _____ Geschwister.

Meine Großeltern wohnen in _____.

2 **Ich kann Informationen über Haustiere geben.** ☺ ☺ ☹
→ KB/ÜB A6

Johanna hat _____ Haustiere, ihren _____ Wuschel

und ihr _____ Filu. Wuschels Lieblingsspielzeug ist

ein _____. Filu isst sehr gern _____.

3 **Ich kann über Berufe sprechen.** ☺ ☺ ☹
→ KB/ÜB A7

1. Eine _____ plant Häuser.

2. Termine für die Chefin macht der _____.

3. Ein _____ malt Bilder.

4. In der Klinik arbeiten viele _____.

4 **Ich kann Anweisungen verstehen und geben.** ☺ ☺ ☹
→ KB/ÜB A9, A10

🎧 (1.32) **a** **Welcher Satz passt zu welchem Bild? Hör und ordne zu.**

A **B** **C** **D**

Satz: _____   Satz: _____   Satz: _____   Satz: _____

b **Gib Anweisungen. Benutze den Imperativ in der *du-*, *ihr-* und *Sie*-Form.**

✦ vorlesen ✦ das Buch aufmachen ✦ das Bild ansehen ✦ Pause machen ✦

5 **Ich kann auf negative Fragen reagieren.** ☺ ☺ ☹
→ KB/ÜB A11

Nein, leider nicht.

Hast du keine Zeit?

Doch, natürlich.

Spielst du nicht gern Tennis?
Lernst du kein Deutsch?
Möchtest du keine Pizza?

So lerne und übe ich

6 **Ich lerne Wörter in Paaren.** ☐ manchmal ☐ oft ☐ nie

1. der Arzt – _____

2. die Tante – _____

3. die Kauffrau – _____

4. unser – _____

Hören Teil 1

1 **a** Lies die Aussagen und hör dann die Nachricht am Telefon. Kreuze die richtigen Lösungen an.

1. Pia kommt heute

| a | um eins. | | b | um drei. | | c | um halb fünf. |

2. Pia ist jetzt

| a | in der Schule. | | b | bei Isabell. | | c | zu Hause. |

b Lies jetzt die Nachricht. Sind deine Antworten in 1a richtig? Kontrolliere.

> Hi Mama, hier ist Pia. Du, ich komme heute nicht um eins nach Hause. Mach dir keine Sorgen. Ich bin noch in der Schule. Ich habe am Nachmittag Englisch. Die Schule geht dann bis drei. Ich gehe dann noch kurz zu Isabell. Sie gibt mir ein Buch. Ich bin dann so um halb fünf zu Hause. Bis dann! Tschüs!

Strategie

Achtung! Alle Informationen kommen in den Nachrichten vor. Aber nur eine ist richtig.

2 **a** Lies die Anweisung aus der Prüfung. Wie ist der Ablauf? Nummeriere.

Lies die Aufgaben 1 und 2.
Jetzt hörst du die **erste** Nachricht am Telefon.
Du hörst die erste Nachricht **noch einmal.**
Markiere **dann** die Lösung zu Aufgabe 1 und 2.

___ eine Nachricht hören
___ zwei Aufgaben lesen
___ die Nachricht das zweite Mal hören
___ die Antworten ankreuzen

 b **Jetzt wie in der Prüfung:**

Lies die Aufgaben 1 und 2.

1. Mika trifft Julian

| a | am Dienstag. | | b | am Donnerstag. | | c | am Samstag. |

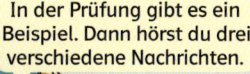
In der Prüfung gibt es ein Beispiel. Dann hörst du drei verschiedene Nachrichten.

Tipp!

2. Am Wochenende möchten Mika und Julian zusammen

| a | Fußball spielen. | | b | schwimmen. | | c | lernen. |

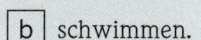

Jetzt hörst du die **erste** Nachricht am Telefon.
Du hörst die erste Nachricht **noch einmal.**
Markiere **dann** die Lösung zu Aufgabe 1 und 2.

Lies die Aufgaben 3 und 4.

3. Bruno ist

| a | in der Schule.

| b | im Supermarkt.

| c | bei Oma.

4. Er kauft

| a | Brot.

| b | Milch.

| c | Kuchen.

Jetzt hörst du die **zweite** Nachricht am Telefon.

Du hörst die zweite Nachricht **noch einmal.**
Markiere **dann** die Lösung zu Aufgabe 3 und 4.

Schreiben

3

a **Lies die E-Mail. Zu welchen Themen schreibt die Person? Markiere in der Liste und sortiere.**

> 🌐
>
> Hi,
>
> ich bin Lucy. Ich wohne mit meiner Familie in Boston, in den USA. Ich bin 13. Mein Lieblingsfach ist Deutsch. Mathe mag ich nicht. Was magst du? Ich habe zwei Geschwister. Mein Bruder Nat ist 6 und meine Schwester Virginia ist 11 Jahre alt. Hast du Geschwister? Wir haben auch einen Hund, Jamie. Magst du Tiere?
>
> Viele Grüße, Lucy

Tiere ___   Wohnort ___   Schulfächer ___   Lieblingsessen ___   Name _1_

Familie ___   Hobbys ___   Land ___   Alter ___   Sport ___

b **Sieh die Themenliste aus 3a an. Was schreibst du Lucy? Schreib ins Heft.**

c **Was schreibst du am Anfang von deiner E-Mail, was am Ende? Ordne.**

Name:
Wohnort:
...

✦ Liebe/Lieber . . . ✦ Viele Grüße ✦ Hi ✦ Bis bald ✦
✦ Tschüss ✦ Hallo ✦ Liebe Grüße ✦

Strategie

Du schreibst eine E-Mail. Vergiss die Anrede am Anfang und den Gruß am Ende nicht.

4

Schreib eine Antwort an Lucy. Schreib etwa 30 Wörter.

Quellen

Quellen

Auftragsfotos von Dieter Mayr, München.
Illustrationen von Andrea Naumann, Aachen.
Die Nummer vor der Quellenangabe gibt die Buchseite
und hinter dem Punkt die Bildposition auf dieser
Buchseite an. Fotos ohne Quellenangabe kommen auf
einer früheren Seite bereits vor und sind dort mit allen
Angaben erwähnt.

Kapitel 1

6 Shutterstock (pASob), New York; **7.1** © dpa
(Revierfoto), Frankfurt/M.; **7.2** picture alliance/rtn –
radio tele nord (rtn, patrick becher), Frankfurt/M.;
7.3 picture alliance/Pressefoto Baumann (Julia
Rahn), Frankfurt/M.; **7.4** mauritius images / Friedrich
Stark / Alamy , Mittenwald; **7.5** Shutterstock (ppi09),
New York; **7.6** Shutterstock (Jakl Lubos), New York;
7.7 Shutterstock (cirkoglu), New York; **7.8** Shutterstock
(Olha Rohulya), New York; **7.9** Shutterstock (Rainer
Lesniewski), New York; **7.10** mauritius images /
Friedrich Stark / Alamy , Mittenwald; **7.11** Shutterstock
(matimix), New York; **7.12** Shutterstock (Adam Otvos),
New York; **7.13** Shutterstock (Lukas Gojda), New
York; **7.14** Shutterstock (M. Unal Ozmen), New York;
7.15 Shutterstock (Fortyforks), New York; **8.1** Shutterstock
(Diego Cervo), New York; **8.2** Shutterstock (goodluz),
New York; **8.3** Shutterstock (Pressmaster), New
York; **9.1** Shutterstock (Shulevskyy Volodymyr), New
York; **10.1** Shutterstock (Africa Studio), New York;
10.2 Shutterstock (MSSA), New York; **10.3** Shutterstock
(fizkes), New York; **10.4** Shutterstock (Erik Lam),
New York; **10.5** Shutterstock (Sergey Nivens), New
York; **10.6** Shutterstock (Rawpixel.com), New York;
10.7 Shutterstock (Syda Productions), New York;
10.8 Shutterstock (Oktava), New York; **10.9** Shutterstock
(Monkey Business Images), New York

Kapitel 2

16.1 Shutterstock (KateStone), New York;
16.2 Shutterstock (sylv1rob1), New York; **17** Shutterstock
(Jacek Chabraszewsk), New York; **18.1** Shutterstock
(Monkey Business Images), New York; **18.2** Shutterstock
(Lestertair), New York; **21.1** Shutterstock (morrowlight),
New York; **21.2** Shutterstock (morrowlight), New York;
24 Shutterstock (Fotokostic), New York

Kapitel 3

26.1 Shutterstock (Billion Photos), New York;
26.2 Shutterstock (Bjoern Wylezich), New York;
26.3 Shutterstock (ILYA AKINSHIN), New York;
26.4 Shutterstock (ajt), New York; **26.5** Shutterstock
(Gena96), New York; **26.6** Shutterstock (yod67), New
York; **26.7** Shutterstock (Kaesler Media), New York;
26.8 Shutterstock (MyImages – Micha), New York;
26.9 Shutterstock (OmniArt), New York; **29.1** Shutterstock
(ESB Professional), New York; **29.2** Shutterstock
(MNI), New York; **29.3** Shutterstock (antos777), New

York; **29.4** Shutterstock (A_M_Radul), New York;
29.5 Shutterstock (villorejo), New York; **29.6** Shutterstock
(goodluz), New York; **29.7** Shutterstock (studiovin),
New York; **29.8** Shutterstock (Mikhail Khusid), New
York; **31.1** Shutterstock (aimy27feb), New York;
31.2 Shutterstock (Tim UR), New York; **31.3** Shutterstock
(Avirut S), New York; **31.4** Shutterstock (Ian 2010),
New York; **31.5** Shutterstock (ScofieldZa), New York;
31.6 Shutterstock (PriceM), New York; **31.7** Klett-
Archiv (Felicia Lembeck), Stuttgart; **31.8** Shutterstock
(Madlen), New York; **31.9** Shutterstock (IB Photography),
New York; **31.10** Shutterstock (Alex Sun), New
York; **31.11** Shutterstock (brizmaker), New York;
31.12 Shutterstock (ermess), New York; **31.13** Shutterstock
(Robert Babczynski), New York; **31.14** Shutterstock
(MPanchenko), New York

Testtraining 1

35.1 Shutterstock (Kiselev Andrey Valerevich), New York;
35.2 Shutterstock (goodluz), New York; **36.1** Shutterstock
(Max Topchii), New York; **36.2** Shutterstock
(p_ponomareva), New York

Kapitel 4

37.1 Shutterstock (supparsorn), New York;
37.2 Shutterstock (Vladimiroquai), New York;
37.3 Shutterstock (vasabii), New York; **37.4** Shutterstock
(AFANASEV IVAN), New York; **37.5** Shutterstock (Richard
Peterson), New York; **37.6** Shutterstock (Roman
Pelesh), New York; **37.7** Shutterstock (Mikbiz), New
York; **37.8** Shutterstock (gualtiero boffi), New York;
37.9 Shutterstock (Cineberg), New York; **37.10** Shutterstock
(LINE ICONS), New York; **37.11** Shutterstock
(Maceofoto), New York; **37.12** Shutterstock (LanKS),
New York; **37.13a** Shutterstock (Peshkova), New York;
37.13b Shutterstock (gresei), New York; **37.14** Shutterstock
(Superheang168), New York; **37.15** Shutterstock (Sebastian
Tomus), New York; **37.16** Shutterstock (Voyagerix), New
York; **37.17** Shutterstock (Ivo Antonie de Rooij), New York;
38 Dieter Mayr , München

Kapitel 5

47.1 iStockphoto (nalozmen), Calgary, Alberta;
47.2 iStockphoto (Anna Kucherova), Calgary, Alberta;
47.3 stock.adobe.com (Schlierner), Dublin; **47.4** stock.
adobe.com (rdnzl), Dublin; **47.5** Shutterstock (M. Unal
Ozmen), New York; **47.6** stock.adobe.com (Friedberg),
Dublin; **47.7** stock.adobe.com (Björn Wylezich),
Dublin; **47.8** stock.adobe.com (Pixelspieler), Dublin;
47.9 iStockphoto (Wavebreakmedia), Calgary, Alberta;
47.10 iStockphoto (gopixa), Calgary, Alberta; **47.11** stock.
adobe.com (Picture-Factory), Dublin; **47.12** iStockphoto
(Neyya), Calgary, Alberta; **48.1** Shutterstock (Drozdowski),
New York; **48.2** Shutterstock (studiovin), New York;
48.3 Shutterstock (Marlena Zagajewska), New York;
48.4 Shutterstock (Nattika), New York; **48.5** Shutterstock
(Boudikka), New York; **48.6** Shutterstock (givaga),

New York; **49.1** Pizza: Shutterstock (stockcreations), New York; **49.2** Orangensaft: Shutterstock (Evgeny Karandaev), New York; **49.3** Kuchen: Shutterstock (Elena Larina), New York; **49.4** Apfel: Shutterstock (CWIS, New York; **49.5** Zucker: Shutterstock (Seregam), New York; **49.6** Salat: Shutterstock (Ngukiaw), New York; **49.7** Käse: Shutterstock (azure1), New York; **49.8** Nudeln: Shutterstock (Walter Bilotta), New York; **49.9** Schokolade: Shutterstock (gresei), New York; **49.10** Milch: Shutterstock (Evgeny Karandaev), New York; **49.11** Salami: Shutterstock (Africa Studio), New York; **49.12** Ei: Shutterstock (Nattika), New York; **49.13** Brot: Shutterstock (simm49), New York; **49.14** Eis: Shutterstock (unpict), New York; **49.15** Banane: Shutterstock (bergamont), New York; **49.16** Brötchen: Shutterstock (orinocoArt), New York; **51** Shutterstock (Africa Studio), New York; **52.1** Shutterstock (MaraZe), New York; **52.2** Shutterstock (Lukas Gojda), New York; **52.3** Shutterstock (Jack Jelly), New York; **52.4** Shutterstock (matkub2499), New York; **52.5** Shutterstock (orinocoArt), New York; **52.6** Shutterstock (Karl Allgaeuer), New York; **52.7** Shutterstock (Gregory Gerber), New York; **52.8** Shutterstock (Viktor1), New York; **52.9** Shutterstock (EM Arts), New York; **52.10** Shutterstock (JeniFoto), New York; **52.11** Shutterstock (Abramova Elena), New York; **52.12** Shutterstock (Africa Studio), New York; **52.13** Shutterstock (AJR_photo), New York; **52.14** Shutterstock (Monkey Business Images), New York; **56.1** Shutterstock (Agri Food Supply), New York; **56.2** Shutterstock (Foodio), New York; **56.3** Shutterstock (leonori), New York; **56.4** Shutterstock (monticello), New York; **56.5** Shutterstock (AlenKadr), New York

Kapitel 6

60.1 Shutterstock (stock_shot), New York; **60.2** Shutterstock (ikhyon Kwon), New York; **60.3** Shutterstock (mariait), New York; **60.4** Shutterstock (Esin Deniz), New York; **60.5** Shutterstock (Olhastock), New York; **60.6** Shutterstock (Neil Lockhart), New York; **60.7** Shutterstock (Tracy Starr), New York; **61.1** Shutterstock (alexkich), New York; **61.2** Shutterstock (Velychko), New York; **61.3** Shutterstock (K_E_N), New York; **61.4** Shutterstock (Africa Studio), New York; **61.5** Shutterstock (Freedomz), New York; **61.6** Shutterstock (Standret), New York; **61.7** Shutterstock (YanLev), New York; **61.8** Shutterstock (Indypendenz), New York; **61.9** Shutterstock (Cherries), New York; **61.10** Shutterstock (Marsan), New York; **61.11** Shutterstock (Simon Kadula), New York; **64.1-3** Shutterstock (Margarita Levina), New York; **66.1** Shutterstock (Jennay Hitesman), New York; **66.2** Shutterstock (Arts Illustrated Studios), New York; **66.3** Shutterstock (quadshock), New York; **66.4** Shutterstock (Africa Studio), New York; **66.5** Shutterstock (WAYHOME studio), New York; **66.6** Shutterstock (zulufoto), New York

Fotomodelle
Paula de Boer, Lucia Borda, Greta Mayr, Jakob Mayr, Levin Tschürtz, Leo Wiegerling, Elena Zachariades

Audios: Sprecherinnen und Sprecher
Ulrike Arnold, Jan de Boer, Paula de Boer, Lucia Borda, Marco Diewald, Sarah Diewald, Clara Gerlach, Angela Kilimann, Louis Kübel, Philip Lainovic, Sofia Lainovic, Felice Lembeck, Christof Lenner, Lars Mannich, Greta Mayr, Jakob Mayr, Christian Noaghiu, Simon Grams, Ricarda Siebels, Helge Sturmfels, Levin Tschürtz, Peter Veit, Elena Zachariades